英語教師は〈英語〉ができなくてもよい！

英精塾 主宰
露木康仁

静人舎

はしがき

「真実を探している者を信じよ。真実を見つけた者を疑え。」（A・ジッド）

「迷いがあるから賢くなれる。欠点があるから強くなれる。」（W・チャーチル）

「自信に満ちた人は子供に信用されない。むしろ自信がないことを隠さない方が耳を傾けてもらえる。」（多和田葉子）

「善人なおもて往生をとぐ、いはんや悪人をや。」（愚禿僧・親鸞聖人）

人生では、あれもこれもと、自身が望むようには進路は拓かれてはいないのが実相です。たとえばある思春期の少年がいたとしましょう。その両親が離婚する羽目になったとき、父方につくのか、母方につくのか、**究極の選択を迫られる非情な現実**というものがあります。

少年は、統計的に母親につく場合が多いことは有名です。

それでは、ある父親がある状況下で、仕事をとるのか、家庭をとるのかを迫られたとき、これも世のおおかたの父親は、家庭をとると答えるでしょう。両者に共通する意識のベクトルの特徴は、**外部ではなく内部に向かう**という点にあります。

実はこうした究極の問いを英語教師に対して投げかけてみたとき、どうであろうか？ それは自身の仕事以外の、またプライベートの時間（※24時間自由に使える時間が2時間あったとしましょう）を自身の英語のスキルアップに充てるべきか、それとも**生徒の英語教授スキルアップに費やす**べきかといった問題であります。

一般論として、一部の英語教育分野の学者や文科省の役人は、「いや、まず教師の英語運用能力の向上〈ネイティブまがいにしゃべれる能力〉が先決で、その結果、英語教授スキルも玉突き状態に上がる、だから高校英語教師は、まず英検1級を、中学英語教師は、まず英検準1級を！」と奨励、指導してもいるのでしょう。これはこれとして正論ではあります。

しかし、世の〝ブラック職場〟とまで揶揄される公立の中学高校の英語教師にとっては、自身の語学スキルアップと**生徒への教授スキルアップ**の両方をこなせる時間などありましょうや？ それが本稿の主旨でもありますが、英語教師が自身のスキルアップに精進すればするほど、実はその英語教師は、逆説的ながら現場の生徒の英語学習メンタル（※生徒の英語への向き合う姿勢）と乖離してゆくというのが、私の主張したい点でもあるのです。

英語スキルの努力・向上の意識が自身に、また、自身の内面に向きすぎると、実はいつのまにか、**生徒の学習目線というものが見えなくなってしまっている**という、一種、その先生自身が〝アメリカ人〟になっていて、「どうしてこんなこともできないのだろう？」といった、子供目線ならぬ**生徒目線を失いがちになる**……いや、そうならない教師もいましょう。

しかしおおかたの英語教師は、大人になると、子供の目線や世界に不寛容になるメンタル現象と同様の状況に陥ってしまいがちで、そうした盲点・死角といった観点を注意しなければならないものなのです。ペラペラ英語を誇る軽薄な教師にありがちの、自身のネイティブ気取りという妄想・錯覚でもあります。似たような譬えを挙げれば、自身は4番でピッチャーで、ずば抜けて巧い高校球児が、チームをまとめ上げる力量・資質に欠けて、キャプテンにはなれないケースといってもいいかと思います。

まず、当然ながら、英語教師は大学の英文科や英語学科、なかには政治学部や経済学部出身の者もいるでしょう。そうした現場の教師は、当然、その学校に赴任した段階で、生徒が2級か1級レベルの英語力であれば、その教師はおそらく2段か3段、それ以上の者もいましょう。英語教師の中には当然英文法や英語学、ときには初級レベルの言語学など習得している者もいるでしょうが、実用英語検定1級以上やTOEIC９００点以上の人など少数派であるのは想像できます。

しかし、現場教師のなかで、「私は英検準1級しかない」とか「TOEICが８００点前半しか取れていない」などなど劣等感を抱き、プライベートで、商社マンやメーカー海外駐在員が駆使している、いわゆる〝使える英語〟を目指そうなどと考えている英語教師に、あえて言いたいのです。「そんな無駄な行為はおやめなさい」と。

そんな時間があるなら、**〝どのようにしたら現場の中学生が英語を前向きに学習するようになるか〟〝どうしたら、教室内の高校生が、知的で高度の英文を読めるスキル（能力）が能率的に上がるか〟**ということに心を砕き、その教師独自の教材やプリント、さらには授業展開の「脚本」を作成する努力をすべきであると。

もちろん、英文は読み書きできるでしょうが、実際に社会で活躍している商社マンや外交官のように、立て板に水のごとく丁々発止に英語がしゃべれなくてもいいのです。そんなことは所詮無理な話です。自身が〈実用英語〉など実際に使用していないものを、わざわざ教室の中で使うという目的のために、教師自身がプライベートで努力するなどというのは無駄な行為でさえあります。

当然ながら、自身が転職や趣味目的でやりたい教師に、駄目だとはあえて言いません。それにです、文科省指導の「英語の授業は英語で行う」という、これこそ愚かな指導のために、今流行《はやり》のスカイプなどを使って英会話などにスキルアップすればするほど現場生徒の学習メンタルなどから乖離してゆくものなのです（もちろん異論を唱える人がいるのを前提で）。これは、賢明なる現場教師は認識している真実でもあります。

試しに、**英文法の仮定法の単元の説明を、すべて英語で高校生の授業で行ってみれば、その半分以上、いやほとんどの生徒はちんぷんかんぷんであること**は、現場教師なら想像に難くないでしょう。その真実を文科省の連中はわかっていないのです。

極論をいえば、現場の日本人英語教師に、アメリカ人やイギリス人になれとは求めてはいないはずですが、せめて、フィリピン人やインド人並みに英語がすらすらとしゃべれることを理想としているはずです。しかし、それも無理な話です。なぜならば、英語教師は日本国内にいて、話す相手は12歳から英語の勉強を始めた人たちだからです。

それに対して、商社マンは毎日仕事でネイティブはもちろん、準ネイティブ相手に、現場で真剣勝負の営業上の英会話をしているのです。英語教師が〝使える英語〟など身に付けるのは、超多忙な職場ではほぼ不可能に近いものがあるのです。

だったら、**英語教師は、ネイティブが無意識に使いこなし、商社マンは説明できない英文法や言語学を理路整然と説明できる技能を深化させ、その経験を生徒教授に応用すればいいというのが本稿の通奏低音**なのです。

大学で学ぶ**機械工学**（メカニクス）と日立や東芝で実践されているエンジニアリングというものは別ものなのです。経営学部で学ぶマネジメントが、どれほど大企業経営で使えないものか。ＭＢＡホルダーがどれほど倒産寸前の企業を再建できましょうや？　名経営者の松下幸之助や稲盛和夫など、ＭＢＡのＭすら学んではいないはずです。

また、**エコノミクス**（**経済学**）**とビジネス**というものが、どれほど旗色の違うジャンルであることか。しかし前者は、後者の下支えをしているという事実は明白です。氷山の海に沈んで見えていない部分、これこそ**経済学**であり**機械工学**であり、畢竟、それこそが学校英語の神髄でもある英文法や英語構文であり、英文和訳というものなのです。

英語も同じことなのです。中学や高校の英語教師は、実践のスキルを磨く時間があれば、理論の説明スキルを洗練させることに腐心すべきであり、それが〝英語教師は〈英語〉ができなくてもよい〟の趣旨でもあるのです。

最後にわかりやすい事例を挙げたいと思います。

今や政治・経済・社会問題などの、わかりやすい説明の伝道師となった池上彰氏の自己研鑽の手法を英語教師も自覚してほしいのですが、社会科の人気のある学校教師や予備校カリスマ社会科講師は、実は池上彰氏の流儀を昔から実践しているのです。池上彰氏のやっている行為は、まさに〝英文法や英語構文、また、英文和訳の超わかりやすい講義〟でもあるのです。英語教師はこれに腐心せよとも言いたいのです。

あの池上彰氏のスタートラインは、NHKの子供ニュースの解説お父さん役であったのは有名です。**英語教師は、英語という言語の仕組み・謎・対処法などを、あの池上彰氏のように教室内で行えばいい。**英語教師は、生活や仕事に関して必要な〈実用英語〉などに自身のプライベートの時間を割くくらいなら、**生徒が英語に興味をもち、英語をおもしろく感じ、英語を前向きに学べるような、そして、英語が好きになり、さらに、大学生・社会人になっても、独力で英語のスキルアップに専念できるような英語のコア（核）を伝授できる教材やプリント作りに時間を充てるべきである**というのが私が主張したい最大のテーマでもあるのです。

池上彰氏は、政治の仕組みに詳しいからといって、役人のように国会答弁を政治家に進言できる資質があるわけでもなし、経済に詳しいからといって銀行や証券会社のアドヴァイザーが務められるわけでもなし、また、世界情勢に造詣が深く知識も豊富だからといって、外務省で外務大臣の私設顧問が務まるわけでもありません。しかし池上彰氏のように、基本的、根本的な知識が、どのジャンルの社会人にも必要条件であることには異論がないでしょう。現場はそれを前提に問題を解決しますが、それは財務官僚やバンカー、さらには外務省役人の能力次第です。それがあって十分条件たりえるのです。

英語もそうです。**使える英語、〈実用英語〉といった〈英語〉は、所詮、英語教師が教えるものではない**のです。

したがって、**英語教師は教えなくてもいい**。だから、教えなくてもいい〈英語〉のために、わざわざ〝無駄な〟時間を割いてまで、自己研鑽に励む必要などないのです。よって英語教師は、〈英語〉なんてできなくてもいいと、再度強調しておきたいと思います。

最初の話に戻ります。**英語教師（子供の譬え）は、外部（実用英語の比喩）＝父親ではなく、内部（英語理論：英文法や英文和訳の比喩）＝母親につくべきです。また英語教師（父親の譬え）は、仕事（英検の1級やTOEICのハイスコアといった実利）＝会社ではなく、家庭（英語という言語の知的認識の説明）＝我が子の成長や教育、また妻との幸福な生活に目を向けるべきだ**というのが、二者択一を迫られてもいる現状の英語教師の取るべき姿勢であり態度でもあると言いたいのです。

英語教師は〈英語〉ができなくてもよい！　目次

英語教師は〈英語〉ができなくてもよい！

——一・五流講師擁護論——

〝英語教師は、〈英語〉ができなくてもよい！〟といった途方もない書名を見て、一般の教師は二つの派に分かれるのではないでしょうか。「この著者は、何を言っているんだ！」か、「あ！　ひょっとしたら私の日ごろ感じ、考えていることだ！」と。

そう、私の意見に共感する教師は、後者の方なのです。これは日ごろ、生徒とじかに向き合ってきた経験のある者、現況の学校という制度、巷の塾・予備校という存在、並びに、経営に携わってきた者、あえて教師とは言いませんが、そうした市井の隠士のみが実感している真実であり、英語教師や国語教師といった方々が、社会的立場上、思い切っては言えない事実を、『裸の王様』の子供さながらに語ってみたい衝動に駆られ、本書の筆をとることになったのです。

まず、英語教師の心得といったものを述べてみます。

〈話し・聞く〉のプロでなくてもいい〈読み・書き〉のセミプロであれ。

《教えること》のプロであれ。

一般的にいえば、これが英語教師の理想像です。

ただし、〈話し・聞く〉のセミプロ、〈読み・書き〉のプロへの精進は日ごろ怠らない。まさしくこれに尽きます。

文法に関しては別章で詳しく述べるのであえて触れませんが、文法とは「読むため・書くための積極的英文法」としてここで定義します。したがって、こうした英文法というものを会得している英語教師を前提として語っていきたいと思います。

中学・高校では、意識的に英文を文法・構文をベースに読む習慣を強います。ホームステイ、短期留学では、そのアンラーニング（※意識的に学び忘れる行為）の場として生徒に指導します。実はこの意識的に英文を読むテクニックというものは、ネイティブでは指導できません。日本人にも、助詞の「が」と「は」の理論的使い分けが困難なように、冠詞の〝a〟と〝the〟の識別説明を日本語ですることが困難なのがネイティブなのです。

つまり、母国語を自然に無意識に使っているため、国文法などわからなくても日本語が話せるように、アメリカ人は英文法など知らなくても英語が流暢に話せます。しかし我々日本人は、おおかた12歳から英語を始めます。脳に日本語の体系が確立しているため、日本語と英語の言語体系の橋渡しとして文法が必要となってくるのは、たいていの文法学習擁護派の論拠になっている点でもあります。だからこそ、英語教師（※本物の英文法を弁えている教師のこと）を温かく見守っていかなくてはならないのです。

優秀な予備校講師が共通して批判するのは、「学校教師が本物の英文法を知らない」ということです。しかし少なくとも、その学校の2～3割くらいは、そこそこ〝できる英語教師〟がいるという前提で、私は論を進めています。

それでは、生徒の側に立って意見を述べるとしましょう。

大学生になり、英語を使えるようになりたいという目的所持者のみ、留学なりTOEICの高得点に勤しむなり、無意識に英文を読むアンラーニングの習慣に自らをさらせばよいのです。高校生の段階から、将来の仕事や学部すら曖昧な7割前後の生徒に無理やり使える英語など、到底無理、いや、非効率的なのです。何度も繰り返して言います。中高生のほとんどは、将来英語を使えるようになりたいという動機は不明で、曖昧だからです。つまり、英語学習への意志が薄弱なのです。

最大公約数的にいえば、上の段階（中学生なら進学校へ、高校生なら有名大学への受験というフィルターに英語があるからやっています）へのハードルとして英語をやっている観が否めません。

小学生の低学年では、将来、スポーツ選手・医師・芸能人など憧れの職種を挙げるものが多いですが、中学生や高校生ともなれば、そうした職種は下位に下がります。それは、そうした種族になるには、血みどろの努力、地獄のような勉学（練習）、経済力、また、才能やルックスなどしんどい現実が前面に浮かび上がってくるので、ドン引きし精進する力をそがれてしまうのです。

実は、〝使える英語〟という幻想も同義です。学校で習った英語とやらを、前向きに積極的にものにするためには、英語で日ごろから映画や音楽を聴き、学習用ＣＤも身近な存在として i-Pod にダウンロードして肌身離さない、しかも英語教師から聞かされる、耳にタコができるくらいに言い古された音読という修行、一種、國弘正雄氏流にいえば、道元禅師的「只管打座」の修練を怠らない（実はこれが生徒には難儀なのです）——こうした厳しい鍛錬を経なければ、英語など使えるようにはならないという現実を目の当たりにして、学校英語、受験英語で歩留まりするのです。これが高校生の実態です。

使える英語を身につけている生徒は、自発的前向きさで、学校という道場以外でも鍛錬を積んできた者たちなのです。文科省の役人、自民党文教族（下村博文・森喜朗）などは、外に散歩に出たがらない小型犬をも、無理やり熱い炎天下へ散歩に引きずり出す愚行をしようとしているわけです。学ぶ目的が不明なこうした生徒（7割前後は存在する）に、本物の英文法なりが身についていない教師（7割前後は存在する）が教えるという負のスパイラルこそ、従来の英語教育論の死角だったのです。

学校英語、すなわち英語教師に、文科省は理想的カリキュラムを強要します。現場を知らないからです。その失敗例は「ゆとり教育」というものでした。親御さんたちは、自身の英語負け組体験をベースに、学校教師に過大の期待をかけ、〝使える英語〟を期待して文科省に同調します。生徒は、卒業証書が第一目的という本音を隠し、塾・予備校で実力をつけようとするのです。

映画にもなった「ビリギャル」の一場面を思い起こせる人はわかるでしょう。世間からは、学校の科目の先生は、まるで社会人野球の選手、そして塾・予備校の講師がプロ野球の選手のように認識されています。現代の情報化社会（ネット社会では、ブラック職種とされる教師よりも、親御さん方が教育情報に長けていたり、社会の常識・知識を身につけ、さらには教師より学歴が勝っていたりさえする）では、教師は、昔ほどの聖職でもなければ専門職（医師や税理士など）ともみなされない風潮が行き渡っています。

法政大学の教職課程で教授を務めた尾木直樹氏（通称・尾木ママ）などは、教え子が教師になる数がどんどん減っているといって教育現場の厳しさを訴えています。場末のパン屋やケーキ屋（公立の中学）が、デパ地下の高級スイーツ・パン（予備校）、またコンビニの、そこそこ美味しいデザート（塾）に駆逐されている様相と全く同じといえないでしょうか。

「楽だから英文法ばかり教えたがる」（※多数の受験問題集や教科書を出している英語講師佐藤誠司氏の弁）とか、「英文法の本質を知らない」（※元代ゼミの英語講師富田一彦氏の弁）とか、はたまた、デイビッド・セインのように、ネイティブ基準で、日本〝学習〟英語を批判する外国人、さらには社会人の発想・目線で、「英文法はそんな複雑なものではなく、もっとシンプルで、英文法のコアさえとらえれば本質がわかる」と、小難しい学校英文法を批判する大西泰斗氏のような学者もいれば、スピードラーニングで、学校時代の負け組の〝英語が話せるようになりたい種族〟を、宗教に勧誘するが如きに宣伝する教材すらあります。

学校英語教師は、まさに四面楚歌なのです。

しかし、日本中に3割前後存在する文科省の方針に異議を唱えたい〝優秀な英語教師〟への激励、また、市井のいぶし銀のような英語教師の擁護、これが本書の主旨でもあります。

『英語教師は〈英語〉ができなくてもよい！』の真意

『英語教師は〈英語〉ができなくてもよい！』という書名から、何を不遜な、無礼な、非常識なと、世間からはお叱りの声を覚悟で、あえて反論を申しあげたいと思います。

中学高校の段階で、人生の職業、大学の進路、また、英語学習の動機、こういうものが、8割方曖昧なる中高生に対して、高尚なるネイティブまがいの発音や聴力をもち、しかも翻訳家や大学教授並みの和訳能力、そして英作文力を有している英語教師をあてがう必要が、果たしてあるのかと世間に問うてみたいのです。日本国内に中高の英語教師は数万人はいるでしょう。しかしその4条件を満たしている教師が果たしてどれほどいるでしょうか？　基準にもよりますが、基準を下げてもせいぜい3桁の前半というところでしょう。

２０１６年10月30日の東京新聞の一面に、高校教師の6割、中学教師の3割しか英検準1級のタイトルホルダーがいないとの記事がありましたが、この数字も深読みする必要があります。

その条件に入らない「英語教師の口には出せない本音」とやらを、あえて代弁させていただくと、次のようなことになるでしょう。

「私たち中学英語教師は、高校受験までは、英検2級くらいで充分指導するに足ります。そんな、自身の英語のスキルアップをしたとしても、実際は、職場（教室）で使うこともない、また、英語なんてやる気のない生徒が半数以上のクラスに対して、それほどまで自身が熱くなって英語に精進するテンションも湧いてはきません。大学生時代の英語力で充分指導できます。ましてや、ブラック職場と揶揄されるほど、部活引率、生活指導、報告書の作成などで土日祝日のプライベート時間さえ削られる立場で、塾・予備校並みの教材研究はもちろんのこと、自身の英語のスキルアップの時間などもつのは夢のまた夢です」

これが、高校の英語教師ともなると、英検2級程度では、MARCH以上の大学入試問題を明解完璧に解説するには不充分で、早慶以上東大京大以下の大学入試問題に日ごろから目を通さざるをえぬ状況に置かれています。そのため自身も、自然と読み書き能力は、準1級以上は到達しているというのが実状でしょう。しかし自主的に時事英語や実用英語、また、英検1級や準1級などプライベートで勉強している人など、極少数派であると推察されます。もちろん反論・異論を覚悟で言っていることをお忘れなく。

大学受験レベルの読解力と文法力があっても英検準1級に合格できない理由の一つは、典型的な受験単語集『英単語ターゲット1900』をすべて暗記したとしても、英検準1級レベルには不充分というのが現実です。答えは簡単、政治・経済・社会問題等、学校英語の範疇にはおさまりきれない語彙が必要となるからです。

そう、高校生で英検準1級を目指すということは、学校の教科書を逸脱したレベルの単語熟語を学ばなければならなくなるのです。自主的学習が必要なのです。生徒にはしんどい山です。ましてや、使える英語の末端に位置する準1級レベルの英語など、中学校の英語教師が国内登山家とするならば、高校の英語教師は、せいぜいキリマンジャロクラスの山を踏破すればいいシェルパのような種族なのです。7000メートル以上のヒマラヤ登山に必要な英検1級以上の能力など不要なのです。環境が教師を追い込んでいないといえます。

私の教職課程の頃、大学3年生が多かったI教授の授業（英語教授法の指導）で、「この慶應の英文科の学生全員に英検準1級を受験させれば、せいぜい4人に1人くらいしか合格できないんじゃないかな」と述べられていたことが印象深く記憶に残っています。それもあってか、早慶上智の文学部系学科は、準1級のタイトルホルダーは指定高推薦並み、すなわち面接と小論文で合格という、裏ルートの入学経路が存在しているのもうなずけます。

本題に戻りましょう。「中学高校の学生に、〝読み・書き・話し・聞く〟の4拍子がそろった、メディアで露出甚だしいカリスマ英語教師など不要だ」ということを私は言いたいのです。

そうしたカリスマ講師を、人生の進路、ましてや志望大学から英語をやる目的まで曖昧な年端もいかぬ中高生にあてがうなどは、親の脛を齧って暮らしている未成年に、ルイ・ヴィトンのバッグやエルメスのスカーフ、フェラガモの靴を買い与えるようなものです。もちろん超進学校でさえ、クラス内で英語を本当の意味でブラッシュアップしてやろうという〈高邁な意志〉で英語とつきあっている生徒など4人に1人もいないでしょう。

こうした現実を直視したとき、カリスマ英語教師など不要であるし、所詮、無理な話なのです。ですから中高の期間は、あえて言わせてもらえば〝瑕疵《かし》〟英語教師（文科省や英語教育専門評論家などの視点での表現ですが）、すなわち、発音・リスニングは帰国子女、また準ネイティブレベルなど不要（※これも誤解がないように、最低限度の能力で充分という意味です）でも、読む能力は、ときにネイティブ以上に深読みができ、英作文はせいぜい大学受験指導くらいはできておつりが少々くるレベルで事足りるとあえて言わせてもらいましょう。

ここで、一部の予備校講師（Tハイスクールの I 氏や Y 氏）やら、一部の大学教授（上智大学教授で、TEAPを作成した中心人物でもある吉田研作氏）あたりから非難囂々の嵐が湧き起こることを覚悟で、一般の英語教師に告ぐ、です。

英語教師は〈英語〉ができなくてもよい！

この宣言の言外の意味は、その発音やリスニング力を、指導力で補いたまえ、ということです。技能指導者は、自身がその技を見事に行えるのが理想ですが、現実はそうとは限りません。

アマチュアスポーツ界の指導者を見渡してみましょう。マラソンの高橋尚子を指導した小出監督、水泳の北島康介を育てあげた平井コーチ、箱根駅伝の強豪校へと変貌させた青山学院の原監督、女子サッカーのなでしこジャパンの佐々木監督、彼らはメダリストでもなく、ましてやオリンピックすら出場してはいません。野村監督の謂いではないですが、「名選手、必ずしも名指導者にあらず」。これを世の学校の英語教師、市井の実直勤勉なる塾・予備校英語教師に送りたいと思います。

最後に、私の塾の入塾面談の際に触れる内容を語ってみます。

あるリトルリーグで力が拮抗する2チームがあったと仮定しましょう。Aチームは、野球はど素人ながら、そこそこ野球ができる父親が監督コーチです。彼がその20名の少年たちに、練習前に「イチロー・松坂少年野球指導ＤＶＤ」全20巻をビデオで見せ、それからノックで守備練習やバッティング指導、そして投球練習指導を、「お前ら、あのビデオのとおりにやれ！」と絶叫して1か月間、猛特訓をしました。

それに対して、Ｂチームは、プロ野球選手を数年で解雇され、プロでの素質2～3流選手だったおじさんが、その20名の少年たちに直接、手取り足取り指導、「もっと肘を引いて、バットをこう持って素速く振りぬく！」「こうして腰をかがめてゴロを処理する」といったように、個別にその少年に対応した生の指導を1か月間、猛特訓しました。

いかがでしょうか、おそらくＢチームの戦力のほうが数段上になっていることは明々白々でしょう。この譬えなども、ブロードバンド予備校だのサテライト授業など、Ｔハイスクールの日本中に点在する小教室でのＤＶＤ授業だの、そうした映像の中で、一流講師の授業を聞くより、一・五流～二流の講師から、同じ空間空気の緊張感あふれるなかで、10名前後で指導を受けるほうが、どれだけ効果があるか想像に難くないのです。

もちろん、イチロー・松阪のビデオを見て急成長する少年がいるやもしれません。また、東進ハイスクールの今井講師の音読を実践して、急激に英語の偏差値が伸びた生徒がいるやもしれません。しかしそうした彼らは、本来〈野球や英語〉の〈筋・センス・身体能力・IQ〉などが潜在的にあった連中なのです。割合にしてせいぜい2〜3割程度といったところでしょうか。

そうした野球少年は、自宅で父親から親身の指導やら何百回の素振りを怠らなかった者であり、またそうした生徒は、学校の場で、恵まれた英語教師がいたという隠れた根拠・理由なりがあったはずです。

実はこの点こそ、技能・勉強法の〝秘儀・暗黙知〟といったものが窺い知れる側面なのです。フォークボールの握り方の野球指導書を読んで、使えるフォークを身につけられる可能性①、フォークの握り方のDVDを観て、武器となるフォークを習得できる可能性②、フォークを野茂英雄や大魔神こと佐々木主浩に直に指導されて、自慢のフォークが投げられるようになる可能性③を仮定してみましょう。

①から③にかけて、その可能性が大となるのは自明の理です。しかし、①でも②でも、見事なフォークを投げられる少年はいますし、また、プロの名選手から指導されてもまともなフォークを投げられない少年はいるものです。おそらく、①から③のどの指導法を取り入れたにしろ、名選手の指の長さや手の大きさと自身のそれとは違うし、DVDで映し出される

指使いは、「自身には、どうも合わない」と我流の握り方をして、自身の勝負球を習得してきた者も当然いるはずです。

ソフトバンクの育成出身選手千賀投手の〝お化けフォーク〟なんぞも、自身の研究模索の結晶でしょう。あるピッチングコーチあたりが、「おれが教えてやったおかげだ」と大口を叩くのと、「私の言うとおりにやったので、彼は合格できた」と言う大手予備校講師や、「俺は何万人も大学に合格させてやった」と豪語する〝カリスマ〟講師と似てなくもありません。

実は結局のところ、ある流儀なり方法論なりがあっても、それで百パーセントその人がその達人になっているわけではないのです。そうした手法を我流にデフォルメしたり、あるいは他の手法を取り入れたり微調整したりと、そうしたプラスアルファなりがあっての賜物です。

よく通販広告で目にする、「これでダイエットに成功しました」「これで英語がペラペラ話せるようになりました」といったキャッチフレーズなんぞも、カリスマ予備校講師の文言と似たり寄ったりで、眉唾ものだと警戒した方がいいでしょう。これがベストなんていう技能習得法など、最大公約数的には存在しますが、最小公倍数的には、自身が見つけ出さねばならぬ代物なのです。

以上の見地から、典型的なスポーツジャンルの指導者を挙げて終わるとしましょう。自身ができることと教えることが、いかに異なる〝道〟であるということかがわかるでしょう。

古閑美保や上田桃子など多くの女子ゴルファーを指導してきたゴルフのレッスンプロ、坂田信弘氏の経歴は、京都大学中退→自衛隊入隊→28歳でプロゴルファーテストに合格→プロで大成せず→レッスンプロに転向→指導者としての才能が開花、というものです。

自身がトーナメントで優勝すること＝TOEICで990点をゲットすること、自身の教え子がトーナメントで優勝すること＝教え子が英検準1級の合格またTOEICで800点台をゲットする、また志望校に合格するということなら、英語教師たちよ、後者の〝道〟を極めよと言いたいまでです。

この点なんぞは、別の章で詳しく述べてありますが、予備校で英語を本質的に教えられる講師の経歴は、英語学科、また英語専攻の学科出身ではなく、哲学系や言語学や社会学、また経済学部など、非英語系がどれほど多いことでしょう。また、東進ハイスクールの物理の苑田氏にしても、現代文の林氏にしても、英語の今井氏にしても、まことにユニークな経歴の人たちです。文科省管轄下の学校という制度の中では、息苦しくて生きてはいけない種族でもあるのです。

六大学から破格の契約金でスターとして巨人に入団した長嶋茂雄、甲子園の優勝投手という経歴を引っ提げて、これもスターとして早実から巨人に入団した王貞治。その一方、テスト生として、ブルペン捕手、いわゆる〝壁捕手〟としてパ・リーグの南海に入団した野村克也。野球理論、野球指導、野球戦法、こうした点で、誰が優れているかは、言わずもがなです。

英語教師のもつ食材と料理の腕前（力量）

『英語教師は〈英語〉ができなくてもよい！』の真意を、これからわかりやすい例でお話ししてみようかと思います。

國弘正雄は著書『國弘流英語の話しかた』で、

「ホームランの打ち方を知っているということは、その打ち方を人に説明する方法を知っているということではない」

と述べています。

この言葉の真意は、自身が無意識に習得している技能、そしてその技能を他人が驚くほど自由自在に使いこなせる能力、これと、その技能を客観的に他者に伝授する資質とは、別物だということでもありましょう。「名選手必ずしも名監督にあらず」という名言にもあてはまることです。

この技能、選手、指導者という三角関係を冷静客観的に理論化している人物、これこそが、まず私が理想とする英語教師の第一条件であると申し上げたいのです。

次に、その教師の英語運用能力、これは、実用英語という範疇にとどまるものという前提の話ですが、それは第二条件といえます。タレントのシェリーや歌手の宇多田ヒカルなら、まあ、小学生から中学2年くらいまでは、〝習うより慣れろ的〟に指導はできるでしょう。

これが、中学3年から高校生の域になると、果たしていかがなものかと疑問を投げかけざるをえないのです。中学生ともなれば、脳の仕組みが、理解して納得せずにはその学習上の技能・知識が定着しなくなる、いわゆる、心と脳が、心理的・生理的に拒絶反応を起こすのです。

つまり、算数から数学へ名称が変わるように、抽象概念を認識する能力が生まれるようにXやYを使用し解答をするルールが許される世界に入ってゆきます。それと同時に、英語という言語も文法というルールを使用しなければ効率が悪くなります。生徒の脳にも〝毛〟が生えてくるのです。第二外国語をマスターするには、大人に成りすぎるということでもあります。

ここまでが、選手、いわば生徒の視点による英語学習のメンタル面です。では、指導者の見地、英語教師の能力と指導法の側面から語ってみたいと思います。

まず、冷蔵庫の中の食材と、それを料理する主婦の技能という譬えをしたいと思います。

次のような、4パターンのタイプを挙げてみましょう。

①　食材豊富　しかも、料理上手
②　食材不足　しかし、料理上手
③　食材豊富　しかし、料理下手
④　食材不足　しかも、料理下手

理想をいえば、①のタイプである。肉・野菜・魚・その他の惣菜（読み・書き・話し・聞く）がふんだんにあり、それを料理する腕、並びに香辛料や調味料などを持ち合わせているタイプです。このタイプなどは、日本全国の中学高校の英語教師の数割にも満たないと断言できます。巨人のV9時代を現出させた川上哲治監督タイプの教師です。

このタイプは非常に少ない、いや皆無といってもいいでしょう。原辰徳監督などは、私見ながら四捨五入すると、やはりこの①タイプには入れづらい。しかし、指導者として晩年の、ダイエーの後期からソフトバンク時代にかけての王貞治監督は四捨五入して、ぎりぎりこの①のタイプに入れてもよいと思います。

次の理想が②のタイプです。肉・野菜（読み・書き）という食材がある程度限られてはいますが、その料理する腕が、ある意味①以上の力量を持ち合わせていれば、客（生徒）を満足（英語力向上）させることは当然可能です。政府、文科省はここに気づいていません。英語教師の力量（豊富な食材）を上げれば、生徒の英語運用能力も向上するという、一種、学習・教育上の〝トリクルダウン〟現象を盲信している点が問題なのです。

この謂いで、私は『英語教師は〈英語〉ができなくてもよい！』という表題を掲げたのです。別の章でも書きましたが、学校英語教師に、〝使える英語〟（即、海外で使える実用的上級レベルの英語）を求めることは、江戸時代の荻生徂徠や佐藤一斎に長崎でチャイニーズ・カンバセーションをやれというに等しい、理不尽、非効率的な命令でもあります。

ここではこれ以上深入りはしませんが、野村克也監督（※野村氏は本来なら①のタイプに入れるべきであるという意見もあるでしょうが…）から上田利治監督、ある意味、栗山英樹監督や仰木彬監督もこの部類に入るといえるでしょう。

それでは、③のタイプに移るとしましょう。このタイプは、食材がふんだんに冷蔵庫にある。肉もあれば野菜も、魚もあればその他の惣菜もある。プチスーパーマーケットと同じ空間が冷蔵庫の中と思っていい。しかし、どんな上質な材料を持ち合わせていても、料理するセンスや能力がなければ、不味い料理と相成るのです。

実は、安倍政権の粗削りな教育改革の死角はここにあると指摘する者が皆無なのです。第一次安倍政権で行った、「教員免許状10年更新制度」が愚策であるのと同根です。現場の真実が見えてはいない証拠です。片言の日本語しか話せないアメリカ人を中学高校の英語教師（※ALTではない！）に雇い、日本人英語教師を現場から放逐すれば手っ取り早いとする手法と同じものです。

譬えは飛躍しますが、イスラム教徒に、中国人が豚肉を使わない中国料理を作り、それを振る舞うのと、イスラム教徒に、同じアラブ人が、豚肉を使用しない独自の中国料理を作り、それを振る舞うのとでは、どちらが評判がいいかは想像に難くありません。

日本人の味覚、嗜好に合うメイドインジャパンの洋食（オムライス、スパゲッティ・ナポリタン、トンカツなど）が、永遠のジャパニーズ洋食となっているように、②のタイプのほうが、断然③のタイプより勝るという論拠を政府の方々はどう論破できるのでしょうか。この③のタイプは誤解を招きかねませんが、あえて長嶋茂雄監督や山本浩二監督、そして記憶に薄い方もいらっしゃるでしょうが、堀内恒夫監督や鈴木啓示監督といわせてもらうことにします。

最後に、④のタイプの英語教師ということになりますが、実は、ブラック職場プラスサラリーマン化、公務員化している現在の中学高校の英語教師の半分弱は、このタイプに半分足を突っ込んでいると断言できるでしょう。したがって、私が言う『英語教師は〈英語〉ができなくてもよい！』の主旨には、この④は入らないということを断っておきます。ここではこのタイプにはあえて言及せず、野球の監督名も挙げないでおくことにしましょう。

では、②のタイプの英語教師のメルクマールとなる事例を挙げることにします。巷では、英和辞典の最もいいものとして大修館書店の『ジーニアス英和辞典』が挙げられているのは周知の事実です。この評判に与してなのか、世の電子辞書のソフトは、この『ジーニアス英和辞典』です。しかし、この〝素晴らしい〟とされる英和辞書ですが、私見ながら、英語検定2級を8割以上得点できて合格した者以外、つまりそのレベル以下の高校生では、〝宝の持ち腐れ〟であるとさえいえます。

世の英語教師は、推薦辞書として、猫も杓子も『ジーニアス英和辞典』だ『ジーニアス英和辞典』だと連呼します。多くの私立の中高一貫校でも、新入生の中学生にこの『ジーニアス英和辞典』を薦めている学校すらあります。そうした学校の教師は、自身を①のタイプと錯覚しているか、生徒に①のタイプであることを信じ込ませようとする、ある意味で〝ブランド志向〟の確信犯とさえ思えてしまいます。

②のタイプの英語教師なら、その生徒に身の丈に合った学習辞書を推薦するはずです。英語の習熟度ならびに能力を鑑み、辞書指導をするはずです。日本には、『ジーニアス英和辞典』以外にも、それに劣らず中高生に相応しい英和辞書は豊富にあります。しかし悲しいかな、現代は電子辞書の普及と比例するかのように、『ジーニアス英和辞典』の独占市場となっているのです。

この風潮にも、実は中学高校に〝使える英語〟を強要する、政府の方針と同じ色を感じてしまいます。『ジーニアス英和辞典』は、本音を言わせてもらえば、〝英語発展途上〟の中高生には不適格の辞書です。残念ながら、電子辞書のソフトがこの『ジーニアス英和辞典』であるということも、世の中高生の英語能力低下の遠因となっていることに気づいている現場教師は多いはずです。ある書物の題名にもあるように、『「便利」は人を不幸にする』、これと同じ世界に現代の中高生が置かれている現状に、現場教師や親御さんは気づいてほしいものです。

では、この英和辞書の例を、国語教師に敷衍してみましょう。

小学生から中学生、そして高校生になればなるほどその比重は下がりますが、現在の国語教師に必須の資質とは、〝本のソムリエ〟たる要素です。その生徒の気質や好みを把握して、本というアナログの世界のおもしろさへ生徒をどう導くか、それが、教師としての必須の技能ともいえるでしょう。もちろん、国語教師の従来の力量は当然求められます。

しかし、②と③の英語教師の優劣を見ればおわかりのように、実は、生徒に能動的に、活字へ接するように仕向ける能力こそ、現代では国語教師に求められています。最近新聞などで報じられましたが、「今の大学生は月に1冊も本を読まない」という事実が厳然としてあります。しかし大学生のキャンパスでの出席率は、数十年前に比べて急上昇しているのです。

この現象は、皮肉交じりに言わせてもらえば、受動的に〝お勉強〟はしてはいるが、能動的に〝教養を身につけ、知性を磨く〟行為はしてはいないという証拠以外の何ものでもないのです。教養と知性は、〝教え・学ぶ〟という領域にはありません。

こうした、気質にまでなってしまった十代後半の若者に、学校という場で、それも週5時間前後の英語の授業以外で、果たして主体的に英語を勉強している光景など想像できるでしょうか。〝使える英語〟云々以前に、学校の英語カリキュラム云々以前に、政府と学校と親が、現今の若者が、体のいい〝コスパ〟という透き通った〝悪〟に染まっていることをもっと自覚すべきでしょう。「使える英語」とは、「教養と知性」と同義です。高校や大学の教室の場では身につきはしません。

英語と自動車学校と動物園のライオン

そもそも学校で〝使える技能〟なりを教えて、それで果たして生徒が身につけて使えるようになるのでしょうか？　なっていないとしたら、それは、教える側の責任が3分の1、習う側の責任が2分の1で、その他は状況や環境（目的や自覚）のせいです。さらにいえば、それは本人の気質や資質がコアともなっていることが要因でもあります。

中学校と高等学校の場で英語を教えるとは、自動車教習所で運転技能を教えるのと似ています。教習所の敷地内では中学英語です。仮免の路上実習は高校英語、せいぜいその程度です。つまりその段階では、まるで生徒は猫を被ったかのように、交通ルール、すなわち英文法を遵守する（※まるで厳しい校則を守るかのように）段階です。がちがちの交通ルールに100パーセント従う運転を強いられているのです。

しかし免許を取った段階で、一人で教官のいない車内、路上運転をする段ともなれば、制限速度は無視、信号は若干黄色でも突っ走り、車線変更禁止のラインでも仕方なく車線を変更するでしょう。これと同義に、そこそこの英語を使えている大学生から社会人ともなれば、文法少々間違いあり、発音少々おかしい、語法も和製英語っぽい——こうした交通ルール違反などと同様に、実際は学校英語を若干無視した英語を使用しているのです。

こうした〝思い切りの良さ〟に欠けるドライバーが、ペーパードライバーであるといってもいいでしょう。つまり英語が使えない社会人の多くは、その人の気質や資質に通底しているこうした〝ペーパースピーカー〟なのです。

まずは普通免許をゲットして、その後、タクシードライバー（ビジネスマン）、トラック運転手（中小企業の貿易商）、バス運手（大手企業の海外担当重役）、F1ドライバー（外務省官僚）になる者の、それぞれ自身の自覚と意志、そして目的がそのエネルギーまたは跳び箱における〝ロイター板〟となっているのです。

自動車学校の教官は、あくまでも運転の基本や交通規則を、狭義にネイティブが無意識に使っている事柄を意識的に生徒に教えさえすればいいのです。その教官は、タクシードライバーくらいには即なれるでしょうが、バス運転手やF1ドライバーになるなど、所詮無理な話です。文科省の連中は、これを英語教師に強要しています。物事の〈教える・習う〉の根本原理を全く認識していないと言わざるをえません。

小学校の教員に英語を教えることを義務づけるのは、体育の先生に美術をやれ、美術の先生に音楽を教えろ、ゼネラリスト（何でも屋のファミレス）の小学校の先生なら英語くらいは、教えられるだろう——と、高をくくっている嫌いが多分にあります。これは、極端な譬えであるにしても、小学生に算数を教えていた教師が、これから、中学の因数分解くらいならまだしも、高校数学の微分・積分を教えなさいといっているのと違わないといえないでしょうか。

習う側も習う側で、中学生の公立英語の授業では、動物園の檻の中で食事時間になれば餌を与えられるライオンといってもいいでしょう。自身の気持ちが立ち上がるかたちで食べ物、すなわち、英語を積極的に学ぼうとする環境にはありません。漫然と義務教育の延長線上にいるわけで、ある意味、あるレベル以下の高校に関しても同様なことがいえます。

進学校は、サファリパークのライオンともいえます。時間ともなれば、ジープで肉を撒きにきますが、自身の10メートル圏内（MARCH以下レベルの大学…そこそこの努力が必要）、50メートル圏内（MARCHレベルの大学…ある基準以上の努力が必要）の場所まで駆け付けなければ食べ物（合格や真の英語力）にはありつけません。ある程度のハングリーさ（志望大学に入りたい意志）が、英語を学習する動機づけともなっています。必要に迫られて英語を学習するわけです。

ここに小林秀雄の名言「確かなものは覚え込んだものにはない。強いられたものにある」が真実味をいっそう輝きを増して伝わってくる所以でもあります。おおかたの大学生は、再び狭きサファリパークか動物園の檻に逆戻り――これが実態です。

一般的に、男子は大学入学後が英語力のピーク、4年次は高校2年程度に逆戻り、女子は比較的真面目に英語に付き合う傾向にあります。英検準1級とかTOEIC 800点とかを、自身の履歴書の花にすることを目指して、つまり就活に照準を合わせて、大学入学後も英語に精進する姿が目に付きます。

社会人ともなれば、商社ならビジネス英語、メーカーでも海外赴任ともなれば、それに近い英語を独学で学ばねばなりません。それは、目的と状況がそうさせているのです。これこそ、アフリカのサバンナの野生のライオンとなり英語を学習する段階なのです。

文科省のお偉方は、この教習所の教官（英語教師）と狭い動物園の檻の中のライオン（中高生）の置かれている状況、現場というものが全くわかっていません。

それは、現場の教師や生徒の状況だけにとどまりません。文部省検定の教科書（ニューホライズンやクラウン）を、中学生、高校生でどれだけやっても、大学入試で求められるレベルの難解な英語を正確に読みこなせるようにはなりません。ましてや、その学校システム（現況の雑用と部活に追われる教師。40人学級の生徒・文科省検定教科書の悪しきトライアングル）では、使える英語を身につけるなど夢のまた夢です。

今では、公立高校で甲子園に出場するのはわずか数校という現状を鑑みても、非教科書（プログレス21・ニュートレジャー・バードランドといった中高一貫校指定の教科書から、桐原書店や増進会の学校指定の問題集や副教材）をやらねば、まずＭＡＲＣＨ以上の大学合格＝県大会優勝や、東大京大早慶上智合格＝甲子園出場から優勝まで勝ち進めないのです。文科省はこうした現状を知らなすぎます。いや、知っていても、財務省などから財源が出ず、何もできないといったほうが適切かもしれませんね。

では、自動車学校ともいえる中学・高校で、英語教師は何を教えればよいのでしょうか？使える英語にしろ使えない英語にしろ、所詮、英語教師自身が、日常では英語を使っていないのです。古文の教師に、タイムマシーンで平安時代に行き、その場で、清少納言や紫式部、藤原道長と会話せよ、と言っているようなものです。荻生徂徠や本居宣長に、長崎で中国人の商人とチャイニーズカンバセーションをしろと強要しているようなものです。そうした中国語会話は、日本人と中国人のハーフとして子供の頃から中国語を空気のように浴びて成人した人が長崎通詞となり、実用中国語として一手に引き受けていたのです。極論ながら、ビジネス英語（使える英語の〝極〟典型）を英語教師に教えろとは、お門違いも甚だしいと思います。

英語教師には〝徂徠や宣長〟に近い存在になってほしいのです。それは極論ながら、優れた予備校講師ともいっていいでしょう。あえてカリスマ講師とまではいいません。なぜか世間では、えてしてカリスマ講師といえばTOEIC満点だの、英検1級だの、社会一般の耳目も引き、時には、企業向け英語講師としても活躍されている方々と思ってしまいます。

高校野球の名監督は、何もプロ野球の監督として辣腕を振るう必要もありませんし、また、そういう次元の技能や戦術・戦略も必要ありません。あくまでも技能発展途上の教え子に、どれだけ野球の（英語の）本質をたたき込めるか、それこそが肝要なのです。

学校英語の本質とはいかなるものか——それは中途半端な英文法ではなく、徹底的に鍛える英文法です。自動車学校の運転指導のように。この、ネイティブには古めかしく堅苦しい英語でも、それを貫き通すことが、ある意味で学校英語の役割です。

フランス語は、中途半端な文法鍛錬を積むだけでは〝変な〟なんてもんじゃない、間違ったフランス語になってしまいます。実はフランス語は、難しい文法用語は英語ほど多くはありません。また、これは「何文型なのか？」など意識しません。しかし文法的な演習は徹底的にやらなければ、フランス語は身につきはしないことを、英語教育リベラル派（政府側・

文科省寄りの英語改革推進派・歓迎派の学者・予備校講師など）には言っておきたいのです。英語鍛錬は、意識的に学んだことを無意識の域に沈めることでもあります。つまりアンラーニングという〝学び忘れる〟行為でもあります。三冠王を三度取った落合博満は、こう語っています。

「本番（試合）で無意識に身体が動くように、意識的に練習するのである」

英語ができる生徒の生まれるルート

現代では、オーラル、ビジュアル、ネットなど、自身が能動的に使える英語を鍛えたいならば、学ぶツールは山ほどあります。数十年前と違い、参考書には必ずといっていいほど、おまけCDがついています。家電量販店で、数千円のラジカセでも買い、そのCDを寝る前に同じ箇所を1週間聞き流すだけでも相当耳が鍛えられます。たかだか週1回50分授業で外国人のオーラル授業なんぞ聞いても、耳はあまり鍛えられたりしません。自身で、前向きに英語に向きあうには、そのCDをi-Podに録音し、通学通勤時間内で聴けます。まさに隔世の感です。リスニングは、教室という場ではなく、非教室という日常の空間にこそ、その道場があるのです。

私立の中高一貫校とやらで、パソコン授業が中学の段階で行われていると耳にします。しかし、そのパソコン授業で、どれだけプログラミングができる生徒が生まれているか、パソコン授業とプログラミングの関係を学校英語と使える英語の関係と譬えればわかりやすいでしょう。

また、卑近な例を持ち出すまでもなく、学校で性教育を行ったからといって、生徒がどれだけ〝生きた性知識〟を身につけるでしょうか。使える、いや、生きた英語など、所詮、教室内では無理な話です。生きた英語は、ロックミュージックやハリウッド映画などを通して、生徒が自覚的に、積極的に、ツールとして身につけてゆくものでしょう。斎藤兆史氏も、朝日新聞のコラムで、「学校で使える英語なんて幻想だ！」と述べていましたが、真実です。

趣味を究めるツールとして、積極的に、内発的動機で英語に向き合ったものが、一部では、青春前期（高校生まで）の英語の勝ち組になってもいます。そうしたルートを辿らずに社会人となった者でも、外発的、すなわち、ビジネスのツールとして、仕方なくなんとか使える英語を身につけた者、これが青春後期（新入社員時代まで）の英語の勝ち組です。

「ビル・ゲイツとやり合うために仕方なく英語を練習しました」と公言する、元マイクロソフト日本法人社長の成毛眞氏は、「日本人の９割は英語が必要ない」とまで断言しています。外資系で活躍した人が言っているのです。「一生かかっても本物の英語はマスターできない」と断言する言語学者、鈴木孝夫の意見に、英語学習蒙昧者、文科省の言いなり教師たちは目覚めてほしいものです。

東進のカリスマ英語教師安河内哲也氏のように、英語大好き人間のハウツー本が売れているようですが、これなども、彼ほど英語熱はない、そこそこの努力でそこそこの英語ができれば満足派にとっては、そんな英語学習手法など長続きはしないでしょう。もうその時点（入門期）で、英語へのテンションが違うのです。陸上ハードラー為末大の言葉ですが、「ボルトの練習をしてもボルトにはなれない」と、天才と〝凡才プラス努力〟の秘められた関係性を喝破しています。

学校英語をやってきた、6年間も英語やってきた、それなのに英語がしゃべれない、英語が聞き取れない、使える英語ができない……と巷では、英語の負け組の声ばかり鳴り響いています。まるで、幻影の声とさえいえます。

こうした根拠が薄い、いや、表層的言説ともいっていい負け組の声を聴き、文科省は英語の悪しき平等主義、すなわち「読み・書き・話し・聞く」というカリキュラムの4要素を均等に行う学習平等主義を打ち出しました。これは一見理想的ですが、理想主義ほど現実が見えていないものはありません。平安貴族が、農民や武士のメンタルを理解していなかったのと同義です。マリー・アントワネットのあの有名な言葉「パンがなければ、お菓子を食べれば？」（※真実かどうかは定かではないにしろ）しかりです。

物事には順序というものがあります。また、意欲のある人、ない人、能力のある人、ない人、さまざまです。中高の時代は、文法や構文や教養を背景とした〝できる〟英語教師（話し、聞くは二の次）が週5時間の授業で、読み書きを徹底的に鍛え、実用英語を希望する生徒のみ、英語部、ＥＳＳなど〝本物の部活〟で精進するシステムを本格的に導入すればいいだけの話です。

体育の授業で、バスケットボールを1か月やったからといって、インターハイレベルの技能など身につきはしません。柔道を体育の一環で半年間やったからといって、黒帯など夢のまた夢。学校の英語の授業もしかり。ただし、同じ技能であっても、英語は授業できっかけをつかみ、自宅、そして塾・予備校で前向きに学ぶことができますが、バスケや柔道では、体育館もなし、畳の道場もなし、また練習相手もなし、自力では究められない点に違いがあります。

学校の英語の時間とは所詮、体育の時間内のバスケやバレーに過ぎません。その体育の時間でできる生徒は、放課後、バスケ部やバレー部で前向きに取り組んでいる生徒です。

英語も同じです。学校の5時間以外の場で、自宅や塾・予備校でどれだけ鍛錬を積んでいるかがものをいうのです。たかだか5時間の授業システムやカリキュラムをどれだけ改変したとしても、しゃべれない英語の負け組の数は変わらないことでしょう。

学校ではそもそも、英語ができるようにはならない！

「学校で英語をやってきても、大人になってまったくしゃべれない」――こういった英語の負け組の怨嗟の声を文科省は真に受けて、教育ポピュリズムの下、中高、また大学入試の改悪を行おうとしている現実に、良識のある教師、一部の賢明なる親御さんは気づいているはずです。

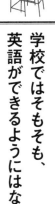

文科省はそもそも、どうして負け組の意見ばかりを斟酌するのでしょう。世には声なき声、すなわち、学校で英語を学んできても実際仕事で、そこそこしゃべれている部族がいるはずです。しかしこの勝ち組の社会人としての能力の基盤が、学校という場で果たして築かれたのかどうか、そこを実証、あるいは検証する教師なり学者がいかに皆無であったことか。

中学と高校といった学校の場で、果たして使える英語なるものが身につくのか、問題提起をしてみたい。たとえば、公立中学・高校を例にしてみましょう。40人前後の集団授業、週せいぜい5時間の授業、さらに文科省検定の教科書――という〝トリプル負の原因要素〟なるものが存在します。本来それだけでは、実社会で求められる英語のレベルには到達できません。

小学校の文科省検定教科書を授業だけで学び、私立の受験で、超進学校の、いや、普通の進学校でさえも、中高一貫校に合格できる域に達するのは、２０００パーセント無理な話です。公立の中学校から、県立のナンバー校（翠嵐や湘南など）に合格するのも、２００パーセント無理ともいえます。そこそこレベルの公立進学高校から、ＭＡＲＣＨ以上の大学に合格するとなると、１００パーセント無理でしょう。

これは何を意味するのか。そうです。そもそも現在の日本の学校制度の下で、次の段階の目標とされる初等・中等・高等教育機関へ進むことは、不可能に近い現実が存在するのです。これは、現場の少年少女にアンケート調査をするまでもなく、世の常識ある父兄なら容易に想像できる実態です。

『ルポ塾歴社会』（おおたとしまさ著）に目を通せば、いかに学校という今の学習システムが準勉学の場に堕しているのかがわかります。その文脈で考えれば、中学から高校、さらに大学でも、その段階で留学なり、相当な目的意識・合格動機がなければ、使える英語なり、また難解な英文を読み込む力など無理な話なのです。

これは、私の経験則からの推論でもあります。私自身、公立の小学校、公立の中学校、そして公立の高校で数学（算数）、国語・古典・英語・歴史を学んできましたが、身につけた実力は、塾・予備校のおかげであったと断言できます。そのなかでも、英語を例に挙げるまでもなく、あのような公立の英語の授業、そして、現在の英語の授業にもあてはまりますが、まずもって〝トリプル負の原因要素〟が改善されない限り、システムやカリキュラム、さらに教師の質の向上すら図っても、砂漠で稲作を行うようなものです。

私の塾の講師へ通達している心得の二大理念は、

①どれだけ文科省の方針とかけ離れたことをするかにこだわる（文科省のやる教育行政にろくなものはない。ゆとり教育・道徳教育・小学校からの英語の教科化など）

②文科省検定の教科書からどれだけかけ離れるか、逸脱するか

この2点です。今、推進している、アクティヴラーニングなど、確かに耳当たり、頭当たりは良い理想論です。元文科大臣下村博文氏の説明など美辞麗句以外の何ものでもない。まずもって、ゆとり教育の理想論同様、優秀な教師がいて、積極的な生徒が存在してという前提事項で効果があるシステムで、超進学校という必要条件が求められます。

具体的には、伝説の国語の授業として名高い、灘中で行っていた、橋本武先生の「銀の匙」

の授業のようなものです。公立の標準的な中高の学校では、絵に描いた餅となるのが、目に見えています。その学校でせいぜいその科目で2、3人しかいない優秀な教師の現状で「それを行え」などというお上の通達は、失敗の二の舞となるでしょう。神奈川県の私立マンモス校T学園などは、文科省の方針を忠実に実行しようとしているようですが、質の悪い生徒の量産とあいなり、結果、二流進学校への没落の運命が目に見えています。

私の塾で、学校の授業のやり方や先生の能力を愚痴る生徒たちに言うのは、「学校の先生は、本来、能力がないのではなく、自身の能力向上や教材研究をする時間や気力・労力がないからなのだ」といった学校教師を擁護するものです。彼らは、今や公然となった、部活の引率や指導といったブラック残業、学校行事の計画、進路指導など雑用に追われ、自身のスキル向上や教材研究をする時間と場がない状況に追い込まれています。つまり社会人野球選手のようなものです。それに対して、予備校・塾の講師は、プロ野球選手のようなものです。生徒に教えるその内容・教材など四六時中熟慮研究ができます。また、学費が肌身に感じられない学校と、教育費（売り上げ）が直に肌身に感じられる塾・予備校――この違いも、生徒や父兄に学習意識の強弱を生じさせる遠因ともなっているのでしょう。

こうした違いから、実は塾なり予備校なりで〈真の英語〉を学んだ生徒は、英語の伸びしろが違ってくるはずです。本物の英語教師に予備校などで出会っている生徒は、学校で英語を学んでも使えないなどと弱音の負け組発言はしないはずです。能力・力量が中途半端な英語教師に出会っている者ほど、できない理由を学校に転嫁する傾向が強いのです。

社会人となり、会社から英会話学校の授業料を支給してもらい、英語のスキルアップに努めているタイプは、学校の負け組タイプです。商社マンやメーカーの海外駐在員の状況に立たされた際、TOEICの問題集なり、自身がこれだと書店で見つけた参考書なりを独力で学習、CD教材をi-Podやウォークマンに入力し、通勤の合間や自宅でシャドーイングなりを実行して、現場・本番に臨んでいる者、これこそが勝ち組です。

後者は、学校や予備校なりで〝英語の栄養豊富な土壌のメンテナス〟を怠らなかったわけです。開成、灘、栄光出身の商社マンなどに調査してもらいたいものです。学校英語でも、社会人になっても使える〝基盤〟英語を身につけ、今では、オン・ザ・ジョブ・トレーニングでスキルを上げていると回答してくるはずです。

典型的な例を挙げるまでもなく、『ダ・ヴィンチ・コード』の翻訳者である越前敏弥氏は浪人したときの駿台の英語がどれほど素晴らしかったか、あの東進ハイスクールの創設者である永瀬昭幸社長、彼もラサール出身でありながら、浪人して東京の駿台の授業を受け、学校の授業と予備校の授業がなんと違うかに瞠目したといいます。それも東進ハイスクール設立の主要因となっているとのこと。あのラサールの授業でさえ、駿台の授業に見劣りする、ましてや巷の、公立の進学校で、どれだけ真の実力が身につくか、はなはだ疑問です。

卒業という義務に裏付けられた学習、一方、意欲・欲望という自我との格闘に裏打ちされた勉学、これが学校と塾・予備校との違いです。知的風土の違いでもあります。

「確かなものは覚え込んだものにはない。強いられたものにある」という小林秀雄の言葉を、高校3年になった私の塾の生徒に贈っています。この言葉の信憑性は、法科大学院ルートの学生と予備試験ルートの学生との違い、慶應大学の付属から上がってきた学生と外部入試で慶應大学に入学してきた学生の英語力、また、MARCHレベルの大学で推薦で入学してきた学生と一般入試で入ってきた学生との英語力の差に典型的に表れていると言えるでしょう。現況では、どんどん推薦枠が増えてきた実態から、キャンパス内で英語力が低下してゆくのは必定です。

また、2020年からセンター試験を廃止し、外部の実用英語系テスト、英検やTEAPやTOEICなどを導入するようですが、これなども、もっと出来の悪い学生の量産体制を準備する改悪以外の何ものでもありません。

各方面からやり玉に挙げられる学校英語

現今、学校という場は、文科省から吹く改革の向かい風で、思うようにカリキュラムを実践できていません。親からは特に公立の学校への信頼が薄れかけ、さまざまな面で私立へと彼らの気持ちが靡く傾向が強まっています。

社会からは、教師の問題が浮上すると、そのダメ教師があたかも現在の教師を代表しているかのようにバッシングされます。そしてその専門の科目に関しては、一部のカリスマ講師やら、一部の塾の講師やらに、教え方やその専門性を揶揄される始末です。

それも仕方がないでしょう。学校の教師は、上への報告書の作成、学校行事の会議、雑用など、その教科に専念できないまま、部活の顧問となり土日までサービス残業を余儀なくされる存在となり、公立中学高校教師は、公務員のブラック職種とまでいわれるに至っている有様です。尾木ママこと尾木直樹氏が教鞭を執っていた法政大学の教職課程の教え子も、近年では教職には就かない学生が大勢を占めるといいます。学校の信頼の失墜が悪のスパイラル状態で、目を覆いたくなる状況です。

では、学校という場を、科目、それも英語に関して、その範疇を絞り込んで見てみましょう。学校英語は、経済界（国際系、一流企業だけ）がおそらくバックにあってのことでしょう、文科省からは使えない英語を教えているといって批判され、英語の負け組の父兄たちからは、一向にしゃべれない英語ばかりを教えていると非難され、塾・予備校からは、英語の本質を教えられないと酷評される光景が垣間見られます。

さらに一部のアメリカ人英語講師の中には、「こんな言い回しは今ではしない」だの、「これは、本当はこんなニュアンスで相手に伝わる」だの、いちいち英語メジャーリーガーが日本の野球を、これはベースボールではないと、目くじらを立てるかのようにやり玉に挙げる人物（デイヴィッド・セインや一部の予備校講師など）すらいます。確かに真実ではあります。英語教師は教える段となると、もう手足を縛られ、四面楚歌の状況の中に置かれているわけです。

たとえば慶應生といえば、お金持ちで、育ちが良くて頭も良くかっこいいといった表面的通説がついてまわります。これは慶應幼稚舎プラス石原裕次郎や加山雄三や石坂浩二、さらに財界のフリーメーソン的「慶應三田会」といったイメージが作りだしたものとも考えられます。しかし、世の一般的常識を弁えている人なら、そんなのは一部の慶應生にすぎないことは容易に想像がつくはずです。

これと同じことを、反例的に「学校英語がダメ」という言説に関しても巷の英語教師に愁眉を開いてもらいたく論を進めています。

数学という科目を例に挙げてみます。小学生の算数なら実社会で必要とされる掛け算割り算分数小数は、生きていくうえで欠かせないものです。数学に関しては、まあ、中学生の前半の数学くらい止まりで、高校数学などは、一般の生活者にとっては無用の長物となっている現実は、衆目の一致するところです。中学まで数学が得意でも、高校生となると半数以上は挫折する運命に見舞われます。

この現実を、高校の教師の教え方が下手だの、数学が難しいだの、自分には能力がないだのという理由で、数学という科目は不要だなどとは、誰も声高に叫んだりしません。

それは、数学は、ある意味高等教育への〝勝者〟を象徴する科目でもある理系大学進学者や国立大学進学者の関所手形でもあり、それは畢竟、国家の命運を左右する科学技術者や高級官僚の品質保証的意味合いをもっているので、数学の負け組であっても、数学という科目を役に立つ役に立たないなどといちゃもんをつけたりしないのです。産業界、特に日本のお家芸としての製造業を中心としたエリート層のレゾンデートルでもあるからです。

国語に関してはどうでしょうか？　現代文で、教科書で鷗外だの漱石だの、また小難しい評論家の文章など、その箇所を1週間以上もかけてくどくどと読み込む授業、これなども、ある意味で、英語とは真逆なくらい受験には役に立たず、ましてや実生活にはなくても一向に差し支えありません。

実用性の観点から考えれば、学校英語以上に無用な〝睡眠時間〟か〝内職の授業〟となり果てている現実を、標準的な進学校の生徒なら首肯することでしょう。古典に関しても同様です。漢文なども、実用性や生徒のやる気度を考慮すれば、絶滅危惧種の教科となり果てています。古文も、日本史の延長線上的科目、すなわち「日本人なら、これくらいの古典作品は、十代で原文で付き合っておこうか」くらいのメンタルで、仕方なく勉強している光景が親御さんには想像できるはずです。

それでは、実技系の体育に関しては、果たしてどうでしょう？　体育の時間で1か月バスケットボールをやっても、部活動でバスケを毎日やっている生徒には敵いません。半年間、武道系の科目として柔道をやったからといって、「よっしゃ、柔道部に入って黒帯でもとってやろう」と思う生徒など稀有でしょう。結局は、帰宅部連中や文系部活の連中にとっては、英数国の授業の息抜きくらいしか役割を果たしてはいません。実技系の体育ですら、この授業で身体能力が伸びたなどとは聞いたことがありません。ある種、リラックスタイムなのです。音楽に関しても、音楽の授業のおかげで音大を目指す気持ちが湧いたとか、歌い方が巧くなったとかあまり聞きません。まあ、音楽が好きになるよりもむしろ嫌いになった男子の方が断然多いと思います。

ちなみに、歌謡界、演歌の世界、ポップスやロックで大成している人物で、学校の音楽の成績が1や2だったなどの例は枚挙にいとまがないほどです。技術家庭の科目も同様で、そこから将来DIYが趣味のマイホームパパが生まれたり、管理栄養士や料理の世界に飛び込みたいと思う少女など、いたとしてもほんの少数派でしょう。

勉学系にしろ技能系にしろ、将来、生徒に役に立つかどうかなどという視点で、その学科が白い目で見られたことなどないはずです。

しかし英語という科目となるとこうはいきません。だから「学校英語はダメさ」の張本人とされるカリキュラム並びに英語教師を擁護したい意味も込めて、逆説的ながら〝英語教師は〈英語〉ができなくてもよい〟と主張しているわけです。

その英語とは、〝実用英語〟のことです。実用英語とは、現実の仕事や生活の中で用いる英語のことです。それを、仕事で英語を用いているわけでもなく、生活で英語を使うことを余儀なくされてもいない、そして生徒の大勢は将来実用英語など必要ない連中なのにそうした英語を教える非効率性よ、無意味さよ、非現実性よ――このことを世間の人々に気づいてもらいたいのです。

〈学校英語〉なんて、そもそも学習段階で〝いも虫〟のようなものです。大学生ともなり、将来留学したい、ビジネス英語を究めたい、外資系企業に進みたい、こうした動機が湧き上がった段階で〝さなぎ〟の存在になります。そして、研究者や社会人となり、目標が定まった段階で〝蝶〟として飛躍するのです。

中等教育の段階で、即、翔び方を教えてそれが何になるというのでしょう? 身体が発育段階の高校野球球児に、プロ野球の技術やトレーニング、戦略を伝授して、それが何になるというのでしょうか? 中等教育の英語は、将来、その土壌に麦だろうが、野菜だろうが、果物や生花だろうが、立派な商品が育つような基礎、いや豊饒な土壌づくりをしさえすればいいのです。

生花を将来育てたい、いつかは良質な小麦を栽培したい……こうした目標なり自覚が芽生えたときのために、その方向性に自身の英語を伸ばす下ごしらえを学校がすればいいだけの話です。まだはっきりした将来像のない連中に、実用英語など、空腹でもなく喉も渇いていない犬の口に無理やり食べ物や水を突っ込むようなものです。

それは昨今、ダンスを体育に取り入れるという方針とも似ています。「ダンスなんかしたくもないぜ！」と内心愚痴っている生徒は大勢いるはずです。それと同じように、「使える英語なんて余計なお世話だ！」と考えている連中は多いはずです。おおかたの生徒にとって使える英語など、40名のクラスで、しかも週4～5時間の授業では夢のまた夢です。

日本の学校で英語を教える学習環境は、中国、韓国、シンガポール、ヨーロッパ諸国の学校で英語を教えるケースとは全く趣を異にします。フィンランド方式の授業を、横浜市ならいざ知らず1億人以上の人口の日本に適用しても無意味・不可能なのと同義です。

学校英語とは、数学と音楽のちょうど中間に位置している教科です。やる気のある生徒（音楽の授業を受けて管弦楽部に入るような）に、放課後数時間英語の特訓をする、音読をする、名文・名演説を暗唱させる、そうしたクラブを立ち上げ、その前向きな生徒にのみ、実用英語を指導するのが、いちばんましな英語教育改革の処方箋だと思います。

学校英語に関していえば、勉強系と技能系のグレーゾーンに属する科目なので、数学ほど非実用性の錦の御旗はなく、音楽や体育ほど技能が伸びなくても、習字の授業のように、たしなみ程度でも済まされる気楽な状況・立ち位置にもいません。まことに不運な科目です。

それは、世の親御さんの英語負け組の声を、市場調査的にアンケートもせず、漠然と文科省が、ポピュリズムの票欲しさに迎合している態度がそもそもの元凶です。

その勝ち組、学校英語での豊かな土壌があったかどうかは知りませんが、社会人としてそこそこ英語を使いこなしている部族となっている代表的なビジネスマン成毛眞は「日本人の9割に英語はいらない」と断言していますし、鈴木孝夫は「国際英語＝実用英語とは自分英語＝内発的に学ぼうとする気概をもって習得した英語」であると主張しています。こうした弁に文科省の連中はどうして耳を傾けないのでしょうか？

答えは簡単です！　改革！改革！と叫べば、物事が改善するという幻想を国民に抱かせて票取りをたくらむ自民党の、目くらまし的英語教育改革という戦略でもあるからです。

当たり前のことながら、〈学校英語〉とは、中等教育の一環で学ぶべき科目であり、教えるべき教科です。この見地に立てば、学校英語とは、TOEICやビジネス英語ではありませんし、日常英会話やトラベル英会話でもありません。ましてや、TOEFLやアカデミック英語でもありません。

十代の少年少女が将来、どの方向へ進もうと、その方面に必要な英語の苗を植えて、立派に育つ豊かな土壌の手入れをしておくべき段階の英語なのです。

ノーベル賞受賞者と英語教育

青色発光ダイオードの発明でノーベル物理学賞を受賞した中村修二氏の、日本の教育、特に受験に関しての言葉は、舌鋒鋭いものがあります。新聞のインタビュー記事にしても、自身の著書にしても、日本の受験について、詰め込み・暗記・知識のゲームだの、まるで親の仇でもあるかのように、辛辣に批判している声を耳にしている人も多いかと思います。

こうした言説を聞き、「ノーベル賞を取るくらいの人が言っているんだから、やはり改革が必要なんだな！」と鵜呑みにする親御さんは多いのではないでしょうか。しかしこの中村氏の言説に、私はいつも違和感、いや反感を抱いてきたものです。つまり言わせてもらえば、「あんた、その教育を受けてきたから、その天邪鬼的忍耐力で、あの青色発光ダイオードに行き着いたんだろうが！」と。ノーベル賞受賞者の中で、唯一、発言にプロテストしたくなる人物、それが中村修二氏でした。

彼はまた、「好きなことをやれ、嫌いなことはするな！」とも発言しています。ホリエモンこと堀江貴文氏なども似たようなことを発言しています。スポーツ選手やミュージシャンの発言ならいざ知らず、学者、それもまず広い一般的知識を必要とする科学者が、です。高卒の専門学校生や大学の3年以上なら、半分はあてはまるでしょうが、小学校から中高生の子供に向かって発言しているとなると、いかがなものかと考えてしまいます。

実は、知識ゲーム呼ばわりの日本の大学受験批判、好きなことだけをやればいい主義、この言説を吐いているその本人こそ、その恩恵でノーベル賞を受賞した真実に気づいていないのです。もし、そうした負の教育でも受けていなければ、ノーベル賞を2回以上受賞できたとでも言いたげです。悪妻、思想家を生む（＊ソクラテス・トルストイ・漱石…俗説でしょうか？）ではありませんが、不幸なる20年、それがあったればこそ〝今のあなた〟がいるんだぞ、と彼に言い返してやりたくなります。

まあ天才と呼ばれる人は、えてして自身の知的教育の〝もしも〟を語りたがるものです。あのカリスマ国語教師林修氏でさえ、自身の天才を露悪的に示したかったのかもしれませんが、「私の（公立）小学校時代の授業時間を返してほしい、なんと無駄な時間だったことか！」と、ある番組で語っていました。番組の他のタレント連中がドン引きしていました。これもですが、その「無駄な時間」がおそらく反動的に知の渇望、すなわち、知的ロイター板の役割をしていて、今の林修氏のひな型をつくったのかもしれないのです。

前ふりは、いや落語的まくらの箇所はこのへんでやめるとしましょう。つまり、中村修二氏にしても林修氏にしても、「教育の矛盾的真実の法則」とやらに、実は本人が気づいていないケース、よくいわれる「人生での失敗や挫折、また寄り道や遠回りにしろ、無駄なものは一切ないのだ」といった言い古された言葉、これが、英語教育でも実は当てはまるという私見をこれから述べていきます。

ベースボールと野球が違うように、シンガポールやフィリピンなどで習う英語手法と日本で習う英語の流儀は全く別物だとまず主張しておきます。日本人が、英語（使える英語）ができないのは、極論だが、また飛躍を覚悟して言わせてもらえば、日本語が素晴らしすぎるからだと。

ノーベル賞受賞者が、科学系だと、韓国はゼロ、中国は近年一人出たくらいです。その原因の淵源は、実は、正統的漢字文化を捨てたことにあるとする説があります。現代の中国共産党の下、漢字は原型をとどめぬほどの略字体に変貌し、韓国に至ってはハングル文字で、漢字は一般的に放逐されてしまっています。漢字の正統性は、実は、日本が継承しているといっても過言ではありません。それも、ひらがな・カタカナといった和文字との共存文化でもあります。

じつは、この漢字文化こそ、明治以降の近代化、科学進歩に寄与してきたと主張する文化人が意外と多いのです。外国語を漢字、母国語に置き換え、文化・文明が進化進歩してきた国は、世界を見渡しても稀有な存在です。これを現今否定する象徴として、英語教育改革が典型的な例として指摘できるでしょう。

この英語から日本語への変換、すなわち英文和訳という鍛錬の貴重さは、日本の皇室、万世一系の男子による皇位継承問題とも一脈通じるものがあります。世界の中でも異様なくらい独特なものです。ペラペラ英語推進派、すなわち英語教育改革リベラル派は、皇室典範改正を主張する連中と似たものがあります。

将軍吉宗が、洋書漢訳書の輸入を許して以来、江戸時代の自然科学はどれほど開花したことでしょう。一種、日本における科学のビッグバン、すなわち、第一期知的カンブリア紀とさえいえます。和訳による社会進歩・進化です。

第二期知的カンブリア紀が、明治時代初期の明六社の学者たちの貢献によるものです。江戸時代はオランダ語にとどまっていましたが、維新以降、英語、独語、仏語と、どんどん和語が「漢字」を通してつくられていきました。「新聞」「経済」「自由」など、我々が日常使用している漢字概念は、この明六社の西周、福沢諭吉、加藤弘之……こうした知識人によって生み出されてきたものです。

今ではそうした和製漢語が、中国に逆輸入されている状況にまで至っていることは誇ってもいい事実です。世界最大の漢字辞典、『康熙字典』を凌ぐ漢字辞典を編纂したのが諸橋轍次、あの大修館書店の『大漢和辞典』の編者です。

夏目漱石世代の英語力と芥川龍之介世代の英語力に隔世の感の開きがあるのは、この和語による英文和訳の比重によるもの大であると指摘する英語学者は多いのも当然でしょう。新渡戸稲造や内村鑑三など、一般に学問の授業を英語で学ばねばならなかった世代と、学問を日本語の教科書で学んだ世代の差でもあります。

しかし、英語力は確かに落ちたかもしれませんが、それ以外の、数学を初めとする物理・化学・生物など自然科学系の学問分野は飛躍的に進歩しました。これぞ、母語、日本語の面目躍如といったところです。

ここで、寄り道をしますが、大学の世界ランキングで日本の東大が46位だの、早慶が100位以内にも入っていないだの、巷を賑わわせてはいますが、そのベストテンのほとんどは、アメリカやイギリス、シンガポールなど、英語圏の大学です。そう、彼ら英語圏の研究者は自然科学を研究するうえで、外国語を学ぶ時間を物理学や化学に費やせるのです。

それに対して日本人は、数学や生物に費やす時間を、どうしても外国語の勉強に充てざるをえない現実があります。すなわち、勉学上割を食っているのです。英語をそこそこ習得している日本人の学者でさえ、英語の文献を読むうえで効率が悪い。ハンディーを背負っているといえます。論文も英語主体で評価されます。

ノーベル平和賞の佐藤栄作も英訳による文書のロビー活動があったればこそ受賞しました。川端康成のノーベル文学賞の受賞も、サイデンステッカーの名訳があったればこそ。また、村上春樹のノーベル文学賞ノミネートも講談社インターナショナルの功績が大です。このように、文化の諸刃の剣の陰と陽の側面を宿命的に内包しているのが日本文化の特徴なのです。評論家の日下公人氏が、「日本語だけで医者になれる国は、アジアで日本だけだ。欧米人にそのことを話すと嘘だ！　と信じてはくれない」と語っていたことが20年以上前のラジオ番組（竹村健一と渡部昇一との鼎談）で聞いたことが印象深く残っています。杉田玄白以来の日本の和製漢語の概念がどれだけ自然科学に貢献してきたかの証左でもあるでしょう。

数学者の藤原正彦氏は、小学校からの英語教育に大反対しています。「小学校時代は、一に国語、二に国語、三、四がなくて五に算数、英語、パソコン（プログラミング）などどうでもいい」と。まさしく達観です。日本語の語彙力が豊富であれば、物事を述べ、伝える際に、厳密に対象を表現できます。デジカメが、10万画素、100万画素で映像をリアルに美しく映し出すことができるのと同義です。藤原氏の意見は勉学の根底を言い当てています。

天才数学者の岡潔も、もののあわれ、数学の根底は国語教育にあるとまで語っています。ノーベル物理化学賞受賞者の中に、意外や意外、わりと文学青年が多いことに気づくのは〝発明発見の遠回りの妙〟でしょうか。福井謙一は夏目漱石、益川敏英は芥川龍之介の愛読者だそうで、岡潔の説を証明しています。ちなみに湯川秀樹は、祖父から漢籍の素養を叩き込まれ、それがその後自身の学問の礎になっているとまで語っています。

山中伸弥氏は、英語の発音が「依然としてダメです」と謙虚にも公言しています。益川敏英は、まったく英語が苦手であることは有名な話です。

また、「12歳から一般的に英語を始める生徒には、和文英訳という作業は、知的訓練とも考えて、必要である」という説に、東進ハイスクールの今井宏氏に代表される英語教育改革リベラル派は異議を唱えています。

「中学は、しゃべる英語主体で致し方ないが、高校英語は、読み・書く、こうした作業を主体に行うべきである。高校生の時代に、〝使える英語〟なんていうものは幻想である」（朝日

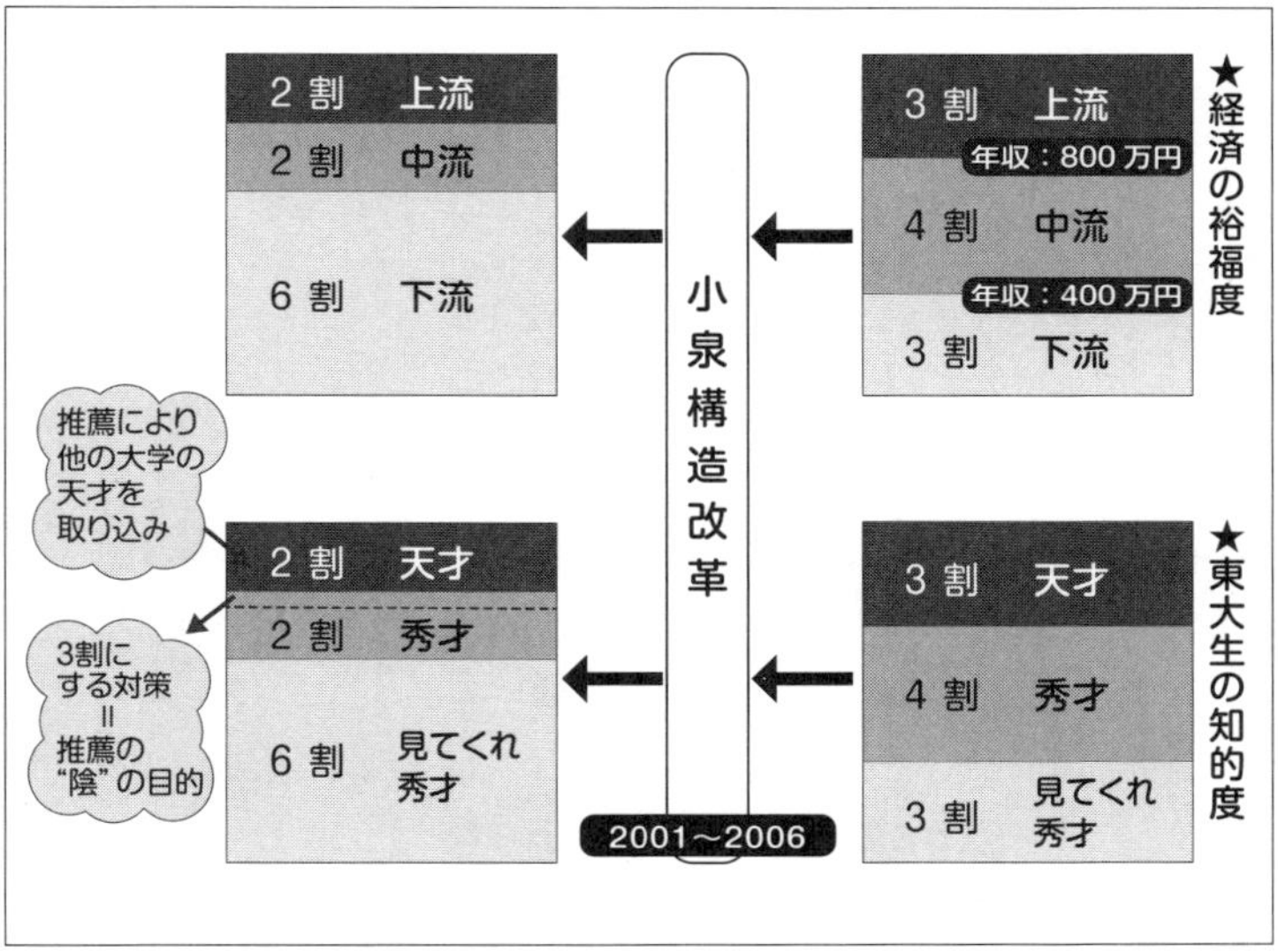

新聞2009年8月1日）とは、斎藤兆史氏も繰り返し主張しているところです。中等教育の段階、特に準高等教育ともいってい い高校生の時期の目的は、スピードラーニングで話せるようになったペラペラ人を量産することではありません。大学生になり、専門分野で英語が必要になった際、自助努力で、真に使える英語を習得する人材を送り出すことにあるのです。その土台が真の〈受験英語〉でもあり〈学校英語〉の使命です。

上の図を見ていただきたい。小泉改革の後、経済の裕福度は、上位3割、ミドル4割、下位3割だった日本社会が、上位2割、ミドル2割、そして下位が6割となってしまった現実がわかります。これと同じことが、実は、東大生の学力でも起きています。それは、天才3割、秀才4割、がり勉凡才（幼少期から金をかけたり、テクニックや運で合格した人）3割だったものが、天才2割、秀才2割、がり勉凡才〝見てくれ秀才〟6割と、知的分布地層が劣化しているのです。

昔だったら、この秀才ゾーンの何割かでも、高等教育で天才ゾーン（才能や天分を開花させてあげること）にまで引き上げることも可能でしたが、近年に至っては、このミドルゾーンの激減に東大は危機感を募らせ、一般入試よりハードルが高い、推薦制を採用したというのは、それほど穿った見方でもあるまいと思います。卒業後に送り出す天才ゾーンを減らしたくないという本音が透けて見えるようです。

「今の東大生は、私の頃にくらべ出来の悪い学生が多い、つまり、30年前だったら東大に合格できなかった生徒が東大に入ってきているからだ。理由は簡単だ、東大入試がやさしくなっている、それは、私の頃に比べて子供の数が半減しているにもかかわらず、東大の定員3000名は変わっていないからだ」とは、現場にいるカリスマ講師・林修氏の辛辣な指摘です。

現今の文科省の英語改革は、まさしくこのがり勉・凡才ゾーンのペラペラ族を量産する亡国の改革でもあります。中等英語教育は、元マイクロソフト日本法人社長の成毛眞氏に代表されるように、社会人となり必要に迫られ、また、理系の研究者なら、英語で仕方なく論文を書く、プレゼンをする、こうした切羽つまった際に、独学で英語をブラッシュアップさせる基盤を授けるためにあるのです。数学者の秋山仁などは、自身の著書で同じことを述べています。

何度も言わせてもらいますが、中等教育の目的は、スピードラーニングのペラペラ人を輩出することではありません。準高等教育の段階での英語教育は、社会人・研究者となったとき、自ら進んで使える英語人に脱皮できる英語の自助努力気質を育てたり、英語の潜在能力を授けることが主眼にあるはずです。

東日本大震災のあと、カキ養殖が全滅となった気仙沼湾を再度よみがえらせる手法として、湾岸地域の森林を豊かにすることを主張するある人物にハイライトを当てたテレビ番組を観ましたが、良質のカキを生むには、豊饒な海が必要だそうです。その海に注ぐ河川が流れる森林を豊かなものにして、栄養豊富な土壌から流れる水、これこそが、豊饒な海の母になるとのこと。これも、国語―英文和訳―受験英語―実用英語―使える英語―と連綿と流れる河川に譬えられないでしょうか。

ノーベル賞受賞者の大隅教授は、10年20年という短い期間ですぐに役に立つような応用科学ばかりに関心を向ける国の方針、大学院政策に警鐘を鳴らしています。50年、１００年先を見据えた基礎研究の大切さを主張しているのです。文法・構文・読解・作文と読み書き主体の英語教育が蔑ろにされている現代の風潮とまったく同じものを感じずにはいられません。

役に立つ英語、使える英語、そうした〝目先の目的〟に目を奪われ、武器となる英語、すなわち、生活や仕事で、真に必要な英語という目標に到達できない、単なるスピードラーニング族を多数生み出して何になるというのでしょうか？

福沢諭吉の教え子に、実業家として大成し、藤原工業大学を日吉に戦前創設するまでに大成功した藤原銀次郎がいました。戦後すぐ、学長小泉信三が、慶應に理工学部がないことを慮って、藤原工業大学を藤原から譲り受けたとき、「慶應にも理科系の学部ができたか」と、多くの実業界の御仁から多額の寄付金を受けました。その際に注文されたのが、「すぐに役に立つ人材を多く育ててくれ」と。小泉信三は言い返したそうです。

「すぐに役に立つものはすぐに役に立たなくなる」と。

三匹の子豚の長男が藁の家、次男が木の家、そして三男がレンガの家、この真実を英語教育に結びつけている英語教師がどれだけいるでしょうか。真の〈学校教育〉、本当の〈受験英語〉、本物の〈予備校英語〉に出会わなかった英語教師や、海外体験を子供時代に経てきた準ネイティブ的英語教師に限り、〝読み・書き・話し・聞く〟４拍子そろった理想的英語だの、使える英語だの、生きた英語だのと声高に叫ぶものです。

作家の阿川弘之氏はこんなことを言っています。

「高校時代は、小さな完成品よりも、大きな未完成品を作る時代である」と。

英語の使い手たち
――国谷・道傳・出水、伊藤・関・安河内――

ここでは〝しゃべれる英語〟という命題を、英語教育をテーマに身近なメディアで活躍されている方々や受験界で有名な英語講師を例に挙げ、実用英語と学校英語との相関関係に即して解明してゆきたいと思います。

ＴＢＳのアナウンサーである出水麻衣は、ある意味で帰国子女であり、国際基督教大学高校を経て、上智大学英語学科（英語の教員免許も所持）へ進んだ、英検１級、TOEIC ９８０点の英語の使い手です。ＮＨＫの道傳愛子元アナウンサー（今はＮＨＫ国際報道局チーフプロデューサー）も、出水アナに勝るとも劣らない英語の達人です。彼女も国際基督教大学高校から上智大学英語学科へ進み、ＮＨＫに入局、そして局員の身分でコロンビア大学にまで留学しています。

彼女たちは、ある意味で準ネイティブ的な英語の使い手です。経歴を見ても、彼女たちの母校は、英語重視の国際基督教大学高校で、準インターナショナル的学校でもあります。ですから、そこから半数以上は帰国子女ともいえる上智の英語学部に進学しているという点でも、一般の12歳から英語を究めようとする生徒には、彼女たちの英語道は、まったくもって参考にはなりません。

東進ハイスクールの安河内哲也氏などは、高校3年時、英語が全くできず、浪人のさなか猛勉の末、自身の勉強の仕方を編み出し、上智の英語学科へ進みますが、そこでは英語の授業が全くわからなかったというエピソードを披瀝しています。当然でしょう、そこは出水や道傳のような実用英語をこなせる猛者ばかりだったからです。彼は、さらにキャンパスで奮起し、実用英語へと邁進し、今やカリスマ英語講師として名を馳せるまでになっています。

一般の高校生は、彼の英語習得ルートもおそらく参考にはならないでしょう。なぜならば、いちばんの理由は、彼ほど英語愛、英語習得への情熱、また、潜在的語学的才能を持ち合わせてはいないからです。この点こそ、語学の達人の英語学習ハウツー本の多くが当てにならない理由の根幹なのです。

NHKのクローズアップ現代で名キャスターを務め、一躍有名になった国谷裕子氏は父親の仕事の関係上、子供時代にアメリカで教育を受け、帰国後、十代の後半は聖心インターナショナルスクールで教育を受けています。その後、大学はアイビーリーグの名門校ブラウン大学へ進学。彼女の英語力は、出水、道傳以上でしょう。

12歳から日本で英語を、それも学校英語を猛勉強した者には、逆立しても、発音・流暢さ・表現力で敵うわけがありません。断っておきますが、しゃべる内容は別ものです。日本文学研究者で、コロンビア大学名誉教授のドナルド・キーン氏の日本語の抑揚（発音）と語る内容が別物であるのと同義です。

それでは、今やいちばん注目され、しかも出版物もベストセラーとなっている関正生氏はどうでしょうか。県立浦和高校から慶應大学文学部英米文学科へ進み、即、予備校講師への道で成功を収めます。英検1級、TOEIC 満点のタイトルホルダーでもあり、受験英語を突き抜けた力量は、英語の本質を究め、社会人にまで応用の効く〝学校英語の進化形〟を教える域にまで達しています。

またキャラが地味、スタンドプレイを好まない、いぶし銀の予備校講師、小倉弘氏という講師がいます。生徒のためというより高校英語教師や社会人のためになる英作文の名参考書も出しているこの元代ゼミ講師は、県立清水東高校から浪人を経て、慶應大学英米文学科へ進みながらも、予備校の授業に魅了され、大学生の身分で代ゼミの授業に通った経歴の持ち主でもあります。彼は、英検や TOEIC といった実用英語には関心がなかったのでしょう、高度の英文、受験の英文を読む悦び、これをひたすら追求した講師だと思われます。

今最も売れっ子の英語講師関正生氏は、最近、『東大英語の核心』という良心的名著を出されました。よく、天才タイプの東大生の声をそのまま鵜呑みにして、「東大の二次の英語は基本さえ身につけていればやさしい」といった神話を徹底解明し、「やはり東大の二次の英語は一般的な受験生には難しい」と結論づけています。名を成したカリスマ英語講師としては言いにくい真実を吐露し、はったりや見栄が優先する予備校業界で、誠意ある良書を出された勇気には頭が下がります。

元代ゼミ講師小倉弘氏も、『京大入試に学ぶ英語難構文の真髄』（通称・京大の英語）という、ある意味、大学受験でいちばん難解で骨太の英文を出題する京都大学の二次の問題を、明快、爽快、わかりやすく分析解説した名著を出されました。京大の赤本や青本も、受験生の目線で俎上に載せた点で、これには足元にも及ばないでしょう。

ここで、東進ハイスクールの安河内氏について触れますと、関氏や小倉氏のレベルの参考書を出してはいないものの、アエラ ENGLISH という雑誌で昔、推薦の参考書として『オバマに学べ！ 英文法』（島田浩史著）を推薦していました。この本は確かに名著で、東大や京大の英語を徹底的に分析できる英語力を持ち合わせていなければ書けない代物です。「英語なんて簡単さ！」と東進のコマーシャルで絶叫し、「英文法なんて高校1年までのもので十分だ！」と自身の英語ハウツー本で述べている点を鑑みたとき、しゃべる英語力は出水・道傳に近いものであっても、生徒、それも受験生に難解な英語を教える段となった場合は、関や小倉の後塵を拝することになります。

安河内氏には、標準的な秀才、東大の模試判定Dレベルの受験生に東大の英語の受験指導なんてできないと思います。

ここそ、私が本書で主張しているキーポイント「英語教師は〈英語＝実用英語〉ができなくてもよい」の趣旨でもあります。世の学校の英語教師よ、「安河内ではなく、関や小倉を見習え、そうしたタイプの英語教師になれ」と、言いたいのです。

英語教育に関心のある親御さんや教師、そして文科省の方々に言いたい。

国谷の英語と出水・道傳の英語の間には大河があります。出水・道傳の英語と安河内の英語には小川があります。安河内の英語と関・小倉の英語の間には柵があります。いや溝といったほうがいいかもしれません。もともと英語人でもその種族が違うのです。

この点を忘れての英語教育議論は不毛です。別の章でも述べましたが、〝自分が英語ができると思っている人間〟と、〝無意識に英語を操れる次元にはいない、実用英語は得意ではない、意識して英語を用いていると思っている人間〟では、まさに後者こそ、学校英語の真の指導者として適任なのです。

カリスマ英語講師、名もなきいぶし銀的優秀な英語教師（日本中の学校英語教師の少なくとも4人に1人はいると思う）という存在の誕生は、英語の本質を教えてきた予備校英語、予備校講師の存在にあるといっても過言ではないでしょう。これについては、予備校・塾、そして高校の英語教師にアンケートを取ってもらえれば、その説は必ずや実証されるものと信じています。

予備校の授業で、予備校講師の参考書で、その英語学習のきっかけをつくった人がいかに多いことか、1970年代前半までは、英語好き、英語が得意、英文学を齧った人々が英語教師となったケースが大半だったでしょう。それが1970年代後半、共通一次試験の登場とカリスマ英語講師伊藤和夫の出現でターニングポイントを迎えます。

ネイティブ並みの英語教育を受けてきた国谷、ハイレベルな帰国子女の教育を受けてきた出水や道傳、彼女たちの英語の土壌は、環境であり、家庭であり、天分もあるでしょう。私たちは、彼女たちとは元から英語を学ぶ習俗・風土が違うのです。同じ暑さでも、ハワイやアフリカの暑さと、日本の湿度の高い暑さの違いといっても過言ではありません。それくらい学習環境が違っていたともいえます。彼女らの英語教育は、クラシック音楽教育（半数以上は親がクラシックの楽器演奏者）であり、江戸時代の狩野派の絵画の継承的教育だったかもしれません。ある意味、彼女たちの英語は、親子関係に起因するといってもよく、〈運命の英語〉です。親が財界の重鎮で、その親の意向で慶應幼稚舎に入学した慶應ボーイ的存在ともいえるでしょう。

それに対して、安河内、いや、彼はこれには入れるまい、関や小倉の経てきた英語教育は苦悩であり、挫折であり、浪人でもあったでしょう。それこそが、学校英語（高校で習う英語）を飛び越える〝ロイター板〟でした。じめじめしたとした寝苦しい夜という学校英語を自助努力で克服し、豹変してきた種族でもあります。

彼らは、ビートルズに憧れ、エルビスに衝撃を受け、エレキギターを手にとり、ポップスやロックを始めたミュージシャンであり、あえて言わせてもらえば琳派なのです。だから予備校バブルの時代、円山派や文人画家、北斎や若冲といった名予備校講師も出現したともいえます。彼らは英語そのものより、英語講師という存在に憧れ、魅力に惹かれて自己研鑽を積んできたことでしょう。不運なる縁《えにし》のようなもので、英語と関わりをもった〈宿命の英語〉でした。

江戸時代のこうした画家の亜流、影響を受けた人物が予備校英語の継承者であり、中学や高校で英語の辣腕を揮っていながらも、文科省からの通達で、出水・道傳並みの授業を行えという板挟みで苦悩している英語講師に、本書でエールを送りたいのです。

この章の結論をまず言いましょう。

国谷、出水、道傳といった種族に日本の英語教育を担ってもらおうなどとは望んでもいませんし、むしろ反対です。この点で、文科省の方針とはベクトルは真逆です。12歳から日本国内、それも学校という場で教育を受けた関や小倉のような英語講師が英語を教え、その教え子の中から、和製ネイティブ英語人が出てくることを願っています。そして彼らには、関や小倉の教えた英語を踏み台にして、大学で、留学で、ときに社会人として飛躍してほしいのです。英語教師が、そうした日本のエリート（この言葉は語弊を生じかねないので本当は使いたくないのですが）の〝心の、中等英語教育の師〟の役割を果たすことが、英語教育のまともな王道であると思うのです。

最後に付け加えておきますが、出水や道傳が教えても、関や小倉が教えても、安河内が教えても、使える英語を身につける生徒にはならないという教育上の盲点というものも忘れないでいただきたい。それは、単なる必要条件にすぎないということを。

最終的には、大学の学部の進路でもあり、社会人で配属先となった部署でもあり、人生での趣味的たしなみの自覚、そうしたものに左右される英語学習の現実というものに覚醒された意識こそ使える英語の十分条件であるということを。

できない英語の罪の根源は、何も文科省の方針でも、学校における凡庸な英語の授業でもなく、文科省検定の教科書でもありません。

外発的な黒船の来航、そして、内発的な松下村塾の教育、これが絶妙のタイミングで一致したとき、〈啐啄《そったく》同機〉のごとく〝使える英語〟が孵《かえ》るのです。

英語における絵画と音楽、そして恋愛と結婚

昭和の歌謡曲全盛時代、まだ、作詞と作曲が分業の頃。ある作曲家が作詞という行為を尊敬、また憧憬し、一方、ある作詞家が、「作曲ができる、メロディーが湧いてくるなんて憧れちゃうよ」と漏らしていたことが記憶にあります。今、シンガーソングライター主流の中で、ほとんどのミュージシャンが、作詞は難しいと漏らしていることを、よく耳にします。彼らはメロディー先行のタイプがほとんどで、どうにか曲調に合う歌詞や言葉を紡いではかけはぎしていく苦しみを言ったのでしょう。

ベートーベンがシラーの詩に感動し、それに楽曲を乗せたのが第九であるのは有名ですが、中村八大やいずみたくは、永六輔の歌詞にメロディをインスパイアーされ、「上を向いて歩こう」や「見上げてごらん夜の星を」などの名曲が誕生したのです。

話は変わりますが、絵画の資質を有している者は、同程度に音楽的資質を有しているものなのでしょうか？　ピカソやモーツアルトなど、幼少期から素質を花開かせた天才は別にして、それに準ずる才能を両方もっている人間がいるのでしょうか？　いるとしても、おそらく人類の数パーセントにも満たないでしょう。

私の小学校時代の記憶を探ってみても、音楽ができるとされた女子は、もうピアノなどの習い事を始めていたので、高学年にはブラスバンドなどで活躍していた者がほとんどだったような気がします。図工（※美術と考えていただきたい）が得意、絵が上手いというタイプの少年は、絵画教室などの習い事をせずともその才能を発揮していた者がほとんどだったような気がします。『フランダースの犬』のネロ少年のように。

以上のように、小学校時代の駆けっこが速い生徒は、トレーニングで速くなったわけではなく、本来のそうした身体的能力、いわゆる運動神経とやらに通じる非努力の領域、これが絵画的素養であるとするならば、それに対して、算数が得意な生徒は、幼少期から公文式やそろばん塾に通っていたことが比較的多いという意味で、後天的、環境的要素に影響を受けるもの、それを音楽的素養と名付けてもいいと思います。

ここで私が生徒に英語を教えていて、明らかに実感することを、批判覚悟のうえであえて申し上げます。本来〝読み・書き〟が得意で、〝話し・聞く〟が不得手な生徒が厳然と存在するということを。

それはもちろん、本人の音声系の大切さの自覚欠如、努力精進不足が原因で苦手なこともあるでしょう。また〝話し・聞く〟は得意だが、〝読み・書き〟が不得手という生徒は比較的少ない。これは、幼児期に親から絵本の朗読をされた子供は国語ができるという通説から逸脱しません。この意味でも、文科省の小学生からの英語教育をという方針にも一理はあるでしょう。

後者は、小学校から何らかの英語系習い事をしていたか、幼少期から小学生時代に父親の仕事の都合上、海外経験があるという部族に属します。

それに対して前者は、12歳から英語を始め、小学校時代は、せいぜいアルファベットの文字を覚えてローマ字表記ができる程度で中等教育へ進んだ部族です。特に高校生、しかも理系志望の男子生徒に多く、英文の〝読み・書き〟は理路整然とできますが、いざ発音となるとまるっきり駄目、教え子を前にしてこうした経験をされている高校の英語教師は多いのではないでしょうか。

話す必要性を感じてはいないし、聞き取り、すなわちリスニングの自己学習などセンター試験の直前まで手をつけないというのが大勢ではないかと思います。〝読み・書き〟は、数学の延長線上にある勉強として認識し、〝話し・聞く〟は、現代文の亜流、一種、習慣のジャンルの学習的範疇と楽観視している嫌いがなくもありません。

この両面を接続するうえでも、受験業界では一部で音読が奨励されていますが、現実は、その筋のカリスマ予備校講師、たとえば東進ハイスクールの今井宏氏の周辺だけの空回り現象であるのは、生徒の学習環境やメンタルの非能動的な生徒たちの実態を知り指導する英語教師なら痛感している真実でもあります。

こうした高校生の英語学習派を典型的に表す言葉として、東工大・早稲田理工系男子派と国際基督教大・上智大文系女子派と命名したいと思います。進学校並びに予備校講師の方なら、思わずニヤッとするに違いありません。まさに英語への心的態度を如実に表している言葉ですから。現場の者なら思わず膝を打つに違いないでしょう。

世に通訳とされる仕事があります。一方、翻訳という仕事があります。また、外務省の官僚や大手商社マンと大学のシェークスピア研究に代表されるアカデミズムの学者という英語を使う2つの人種がいます。

前者は、妻が日本人のデーブ・スペクターというアメリカ人、後者は、独身で日本文学研究者のドナルド・キーンという元コロンビア大学教授に該当します。この2人を挙げてみれば、日本語に関して〝話し・聞く〟能力と、〝読み・書き〟能力は、格段に差があることは明々白々でしょう。英語とて同じです。ノーベル賞受賞の自然科学系の研究者の英語力とNASAの日本人宇宙飛行士の英語力では実用性で開きがあります。

また、エリート商社マンの英語力と外務省キャリア組との英語力は肌合いが違います。ちょうど、サッカーとフットサルの違い、野球とソフトボールの違い、それほど違ってくるのです。批判を覚悟であえて言いましょう。絵画が得意な男の子に、音楽も得意になれとか、音楽が得意な女の子に絵画もやれとか、そのように強要することが、実は中学・高校で〝読み・書き・話し・聞く〟の4拍子をそろって養えと文科省が指導していることと同じだということです。

もちろん、英語という言葉、それを使えるように養成することが英語教育の理想ですが、誤解を覚悟のうえで、また非教育的発言とも取られかねないのを承知のうえで言えば、本来、12歳から英語を始めるという段になると、〝読み・書き〟鍛錬派、男子理系（※使える英語に消極的）と〝話し・聞く〟修練派、女子文系（※英検やTOEICを意識する）においては、厳然と目的・目標が分かれるという事実に目を向けた英語教育を指導していくというのが、現実的・実利的であると思われるのです。

英語口下手な理系男子は、大学に進み、内発的に、〝話し・聞く〟能力をスキルアップしさえすればいいだけの話です。中等教育で、外発的に〝話し・聞く〟能力を指導しようとしても非効率的であり非現実的でさえあると断言できます。〝話し・聞く〟能力は習慣によるもの大であり、自覚の芽による内発的な修練を自己に課して初めて花開くものです。

一方、〝読み・書き〟の能力は、学習に依拠するものであり、勉学という外発的な鍛錬を自己に課す状況から実を結ぶものです。学校で日本語を自然に話している生徒に対して、中等教育の段階で、わざわざ国語というジャンル、特に現代文が科目として存在する所以です。

好きであることは、できるということと同義ではありません。できるということもまた、好きであるということにはなりません。ある意味、〝話し・聞く〟能力は好きであることが前提であるのは言うまでもありません。内発的だからです。赤子は本能的に母親を愛する、それゆえ母の言葉（母語）を真似事から始め習得していきます。愛情という〝好き〟が前提となっているのです。

それに対して〝読み・書き〟能力は、一般的に好きであることが前提とはされません。文字を覚えるのは苦痛が伴う行為でもあるからです。たとえば意外なことに、スポーツ界では引退後、「やっと嫌な練習から解放された」と本音を公言するアスリートが少なくありませんが、受験勉強も同様ではないでしょうか。

この受験勉強の側面を大いに遺伝子として内包しているのが〝読み・書き〟です。少々時代遅れ的フレーズやシーラカンス的構文、またネイティブさえ知らない死語的熟語など、批判の矢面に立たされてはいますが、そんなマイナスの面を差し引いても、〈受験英語〉という鍛錬が、ある意味、一部の文系男子や理系学生の英語力を維持してもいるというのは、従来の渡部昇一の言説を出るものではありません。

「恋愛と結婚は別物だ」という謂いがありますが、恋愛とは、英語を好きになる初期の乙女チックな憧れ少女のメンタルとも比喩できるでしょう。結婚とは、英語が好きではない、いや学業の一環として必須だからやらざるをえない口下手少年のメンタルとも譬えられるでしょう。

中学時代の英語は、「話せたらいいな」的しゃべれる英語という恋愛段階の英語学習期間ともいえます。

高校時代は、話せない領域の英語、また、読み込むのも難儀する英語、これと付き合わねばならない結婚生活段階の英語学習期間とも言えます。高校1年で〝英語離婚〟する生徒がどれほどいるか、それは、現場の英語教師なら熟知していることです。また予備校講師や塾講師なら、家庭内離婚状態の生徒の実態をどれほど把握していることでしょう。

恋愛は、無責任でなんとかなるし、面子や痩せ我慢でなんとかやり通せるでしょう。憧れと幻想、そして誤解から派生する妄想です。さらにその場凌ぎで、冷めた恋心を男女のどちらかが誤魔化すこともできます。しかし結婚ともなると、本音がぶつかり合い、忍耐が何よりも必要となります。英語学習も然りです。

英語教育とは、生徒自身が絵画的気質の生徒なのか、音楽的資質の生徒なのか、それを見極め、その両者に合わせた指導をするべきでしょう。厳格なる理想を追い求めるのではなく、幸福なる妥協を弁えるべきです。イチローは松井にはなれませんし、松井もイチローにはなれません。

英語学習とは、生徒自身の内面で、恋愛段階であるのか、結婚生活段階にあるのか、それを見極めて指導すべきでしょう。簡単な〝話し・聞く〟段階が恋愛だとすると、知的な〝読み・書き〟段階が結婚生活です。

大学生になって、英語をさらに究めようという芽が生まれたら、それは人生における同志としての自覚が芽生えたということです。ワンランクアップした真の〝愛〟が誕生した段階でもあり、それこそが〈使える英語〉の入り口ともなるのです。

しゃべれる英語教師になるルート

手元に『話せない英語教師』（福田昇八著）という本があります。ずいぶん昔、横浜の場末の古本屋で手にしたもので、今では絶版になっています。１９７９年の出版ですが、今も文科省の連中が指摘することと全く変わりありません。

内容は、学校の英語教師の８割がまともに英語がしゃべれない、よって生徒もしゃべれるようになるわけがない。この８対２の割合を２対８にしなければ生徒も使える英語、すなわちしゃべれるようにはならない――という趣旨の本です。世の親御さんもこの本の題名には興味がそそられるのではないでしょうか。一部の英語教師も、我が事として読みたくなるはずです。

しかし、幼稚園ならいざ知らず、中学から高校へと、脳が、感性から論理へ、具象から抽象へ、丸暗記から理解暗記へと仕組みがスライドする段階で、しかも日本語の言語構造がほぼ確立している教育段階で、ネイティブ並みにペラペラ話せる教師が指導して、果たして生徒もそれに引きずられて話す能力など身につくものなのでしょうか。

4歳児の私立名門幼稚園への入園・合格貢献度は、9割が親によるものとされ、6歳時の名門私立小学校の場合は、7割強が親の力によるものとされます。では、12歳の段階の私立中学のお受験の場合はどうかといえば、5〜6割が親力によるものとされます。

そして、私立公立を問わず高校受験では、たぶん3〜4割が親の指導・影響によるといってもいいでしょう。最後に、大学受験では、1〜2割程度が親の経済力・影響によるものでしょう。慶應は、幼稚舎から中等部、そして高等部、大学と段階が上がれば上がるほど入学が楽になるとされるケースを思い起こせば納得がゆくはずです。

つまり、年齢が上がるほど、勉学の向上は自助努力に左右されるということです。親と子、その関係を、英語教師と生徒の関係に置き換えて考えれば、中高で準ネイティブ並みにしゃべれる教師の数の増加、イコールしゃべれる生徒の増加、そう単純に物事は運ばないのが教育というものの秘められた摂理なのです。

この内情を知らないと、福田昇八氏のような論理に行き着くのがオチです。昨今、いや昔から文科省の官僚が短絡的に考えそうな理屈で、アベノミクスの経済政策論理、大企業が収益を上げれば、下請け企業や中小企業、そして派遣社員にまで利益が行き届くと発想するトリクルダウンと全く同様に、教育の〝話せる英語能力〟のトリクルダウンが発生するといった理屈と根底で相通じるものがあります。

現場を知らない、生徒の実態を知らない、教師の実情を知らない部族の短絡的論理です。そして、世情の変遷という分母が存在し、学校・生徒・教師の複合方程式に、塾・予備校の係数が掛かっている分子が乗っかっている高等数学的計算力に欠如する資質の連中が、小学生の低学年の算数の足し算掛け算程度の解法で〈英語教育問題〉を解こう、論じようとする愚かさが透けて見えてくるようです。

私の専門はフランス文学でしたが、大学2年のころ、中世フランス語の泰斗でもある松原秀一教授が、授業で「フランス語が話せるようになりたかったら、日仏学院やアテネフランセにでも通わなければフランス語なんて話せるようにはなりませんよ」と語っていたことが印象深い。卓見であり本音から出た温かい真実でもあると思います。

これは英文科にもあてはまる話で、横浜にある女子の名門校のある先生が、「医学部に行きたいなら、うちの学校の物理の授業では無理です、大手の予備校なりの物理の講義にでも通わなければ駄目です」と指導したという私の塾の教え子の話を思い出しました。愛情ある真実です。

暁星学園やカリタス学園、白百合学園といった中学からフランス語が必須の中高一貫校の生徒のどれだけが果たしてフランス語を話せるようになっているのかといえば、興味をもち、前向きにフランス語に精進した生徒のみが、大学受験でフランス語を選択するまでになっているのが実情です。

そうでない〝心的コース〟の連中は、大学の一般教養の第二外国語と全く同じ運命とあいなるわけです。しゃべれるどころではありません。中学高校の段階では、幼稚園や小学校の〝習うより慣れろ的〟方式で、ネイティブまがいの流暢な英語で話しかけられても、彼らの脳が萎縮します。身体に毛が生えてくるように、脳にも毛が生えてきて、納得理解できないものは、脳が拒否する仕組みになっているのです。

ですから中学高校では、一点の曇りもない文法構文の授業を通して、〝読み・書き〟を徹底的に実践すればよいのです。〝話し・聞く〟能力を上げたいのならば、自助努力で今流行りの〝音読〟を実行すればそれで足ります。また、そうした能力を伸ばしたい生徒の要望を酌み、英会話の本格的な部活動を学校内に立ちあげればいいだけで、体育の授業で少しバスケットボールをやって、もっとやりたい生徒がバスケ部に入るルートと同じ指導を敷けばいいだけの話です。

実際のところ、生徒が全員、ぺらぺら英語など話したいわけでもないでしょう。世の風潮、親の影響で、「なんとなく〈英語〉は大切かな」という洗脳を受けている嫌いもなくはありません。理科系進学希望者など特にそうだと思います。

早稲田大学ビジネススクール客員教授成毛眞氏なども説くように、「日本人の9割に英語はいらない」のです。話し・聞くという能力は、12歳以降、本人のその言語への前向きさと精進がものを言う領域です。

先生の話す能力など、文法・構文力（※真のという枕ことばがつきますが）に比べれば二の次とさえ言ってもよく、それは旧制中学・旧制高校を経て、国際的に活躍した小和田恒氏や明石康氏の英語学習経歴に目を向ければいい。あのころ、どれだけしゃべれる英語教師が彼らの周りにいたことでしょうか。もちろん本人のＩＱ、つまり能力・資質もあるでしょう、しかし私が言いたいのは、12歳以降は本人のその言語への熱意と自助努力がものを言う領域だということです。

お笑いコンビのタカアンドトシの「聞きにくい事を聞く」（テレビ朝日）という深夜番組で「塾の先生は英語が話せるのか?」とのテーマで放映されたものを以前観たことがあります。外見は日本人なのだが、英語ネイティブの男性を使い、ドッキリまがいで塾講師の話す実力を試す番組でした。

やってみると、片言の英語止まりの先生が3人のうち2人でした。想像に難くありません。別に彼らを責める筋合いはありません。塾などは、英会話教室でもないし、英語専門塾でもない総合学習会社の一員でもあるからです。ファミレスやデパートの大衆食堂に専門店のイタリアンパスタや老舗の天ぷらを求めるようなものです。

また、十年以上前のことでしょうか、代ゼミのカリスマ講師富田一彦氏とCNNのテレビキャスターも務めた小西克哉氏と、京大英文科出身の俳優辰巳琢郎氏を交えて、大学受験英語なるものにチャレンジするNHKのテレビ番組「英語でしゃべらナイト」が印象深く残っています。もちろん小西克哉氏も辰巳琢郎氏も、その道のスペシャリスト富田氏の解答ほど理想的なものはいえませんでした。

また、フィールズ賞受賞者で京大教授の広中平祐氏が、大学受験の数学の難問を灘、開成の秀才と時間内でどれだけ解けるか競う企画の番組もありました。広中平祐氏が、やはり時間の制約もあったと思いますが、高校3年の受験の猛者に負けたのです。広中氏いわく、「やはり、その道のプロには敵わないな〜!」と苦笑気味に話したのを思い出します。

そう、受験村というジャンルでは、数学にしろ、英語にしろ、バスケットボールのプロだろうと、バレーボールの五輪選手だろうと、サッカー・野球の高校生だろうと、ちょうど、小学生の頃に熱中するポートボールだのドッジボールだのキックベースといった基礎体力をつける目的で、スポーツではなく体育授業の一環で行う競技では、その〝専門家（子供たち）〟に敵わないのと似ています。

しかしながら学校英語という〝英語村〟の住民を非難する筋合いはありません。〝英語村〟は、小学校の体育の種目のようなもので、英語の基礎でもある文法やそこそこの読解、作文といった程度で、〝英語町〟（大学で留学を前提に学ぶ英語）や〝英語都会〟（ビジネスマンが使う英語）などへ村から出ていきたい意欲のある生徒のみ学べばいいだけの話です。

これも自身の体験と、慶應大学の英文科に関しての身近なエピソードとして遠回りを許していただきたい。

私が仏文科の大学院にいた頃です。フランス百科全書の中心人物でもあるディドロの世界的研究者でもあり、もちろんフランス政府給費留学生での留学経験もある、まあ、フランス語の達人S教授のゼミのあと、風流にも、飲み会ではなく、秋のことだったと思いますが、向島百花園に行きました。秋の月見会なる催しで8名ほど、萩の花が月光に照らされている庭園を眺めながら、高級懐石弁当を食べている最中のことでした。

さまざまな話題の中、ある女子学生が、「S先生だったら、今、仏検の1級なんか、すぐ取れますよね?」と質問した。すると、「仏検1級か? そうだな、んん、1級は今の段階では、無理なんじゃないかな?」「ええ?」とその女子が声を上げた。すると、「仏検1級ともなればね、政治・経済、さまざまの時事問題や社会問題など、実用性が求められるしね、僕は、そんなジャンルのフランス語、関わってもいないしね、さらに今日本語で生活しているし、ダメじゃないかな?」と苦笑交じりに答えた。謙遜もあったのでしょうが、その表情を見て、「ああ、こういう人こそ、専門家なんだ、プロなんだ」と思ったものです。

そして、語学というものの真実を誠実に話された態度で、ますますそのS教授の人格にひかれました。ちなみにS教授は、『翻訳仏文法』というフランス語の名著を出されてもいます。専門家(プロフェッショナル)とは、専門以外のことは、はっきり知らないと言える人のことであると、どこかしらで耳にしたフレーズが思い出されました。

そうです、英文科でもしかり、シェークスピアの権威の大学教授も、TOEICなんぞは満点はもちろん、900点台も危ういのが実態でしょう。12歳から実質英語を始め、中高6年の学校英語を経て、そしておおかたは英文科か英語学科に進み、そして英語教師になる、そのルートに思いを馳せれば、小粒なそうした〝大学教授〟を量産しているにすぎません。

1年でも大学時代に留学していれば話は別ですが、半世紀以上も前、著名なライシャワー駐日大使も、学校の英語教師がいちばん英語を話せないと嘆いたように、これなど実は、英語教師の資質よりも教職課程そのものに欠陥があるということではないでしょうか。ただし断言しますが、勘違いしないでいただきたいのは、「しゃべれる英語教師を量産しても、それに比例してしゃべれる生徒は増えはしない」ということを。

社会人を経験して母校の仏文科の修士課程へと再度進学した私は、母親を安心させるためと、そしてちょっぴり自身の保身もあり、英語の教職課程も履修しました。いざとなったら、学校の英語の教師でもなるかといった〝でもしか先生〟の発芽と同根です。必修のさまざまな授業で、意外なことに、英文科在籍の生徒より政治学科や商学部の生徒のほうが、発音や表現力が巧みだったことが印象深く残っています。もちろん彼らは、おそらく帰国子女的経歴の連中でもあったと想像できます。事実、発音がどうみても12歳からやった英語の発音とは思われなかったからです。

英語教育学という授業だったと思います。I教授（慶應高校などでも教鞭をとっていた経歴の先生）は、「慶應の英文科の2年の生徒が英検準1級を受験したら、まあ、4人に1人だろうね、合格するのは」と、嫌味たらしくなく温和な表情で、奮起を促す意味もあったのでしょう、一種、〝喝〟的意味で優しげに言われました。

その言葉の真意を反芻してみると——

「大学受験で慶應に入る英語力、君たちは相当努力したね、『試験にでる英単語』やら『英単語ターゲット1900』（その当時はなかったと思います）とやらをやってきても、せいぜい英検2級程度ならその単語もかぶってもこよう、準1級の英単語ともなれば、大学受験の英単語とは半分以上はかぶらなくなってくるんだよ、その時事的英単語なり口語的英語表現は、この大学時代に前向きに、自ら進んでやんなきゃ身につきませんよ、大学入学時点の英語力の預金で準1級なんぞゲットしようというのは、まだメンタルが甘ちゃんですよ」

——こう言いたげな表情でもあった気がします。

今や好感度ナンバーワンの女子アナウンサー、日本テレビの水卜麻美は、「大学では英米文学を専攻しましたが、英語はほとんど話せませんでした。自慢できる趣味や特技もなかった」（読売新聞2017年9月5日の「就活 ON special」）と語っていましたが、世のおおかたの英文科の生徒はこんなものでしょう。仏文科にしても同様です。こうしたタイプの学生が、第一志望の一流企業に進めなかった場合に学校の教員になるのです。〝でもしか先生〟ともいえます。

しかし、真に英語が好き、教えたい、究めたい、こうした意志ある種族が学校教師なんぞにはならず、今やカリスマ英語教師として名高い関正生氏や、代々木ゼミナールで長年講師を務めた知るものぞ知るいぶし銀的講師、そして、隠れた名著の参考書も出されている小倉弘氏などになっているのでしょう。この二人も慶應の英文科出身です。

現代において、本当に英語を教えたいという情熱をもっている人は、公立私立の教員なんぞになりはしません（※あくまで私見ですが）。自身の腕一本で生きていける力量と自信があるからです。今や学校という制度・存在の魅力がなくなってきています。中学高校のサッカー部で鍛錬を積むケースもあるでしょうが、クラブチーム・ユースに所属して、将来Jリーガーを目指すという風潮とも似ていなくもありません。

学校は卒業証書をもらうため、友情を深めるためで、英数国といった学科の教練の場は塾・予備校と割り切っている現代っ子のメンタル、こうした実情を文科省はどう分析しているのでしょう。

まずここで、このような前置きをして、そもそも英語教師はどのような経緯、動機でしゃべれる英語教師として出現してくるのか、具体例を挙げていきたいと思います。

スーパーDJ小林克也は、広島で洋楽に目覚め、FENを聴きながら、あの流暢な英語を身につけたといいます。高校3年では英検1級も取得し、慶應の経済学部へと進学しました。しかし学生時代にアルバイトで東京観光の通訳アルバイトをしましたが、全くできなくてへこんだそうです。当然です。観光通訳は、英語以上に日本の地理歴史や文化を把握しておくことが先決だからでもあります。

俳優の中村雅俊は、宮城県の高校から一浪（駿台予備校）して慶應の経済に進学しました。キャンパスでは、将来外交官を視野に入れてESSに所属し、英語演劇の空気にも染まり、その後、友人と文学座の試験を受け合格、そして文学座から即青春ドラマの主役に抜擢されます。ちなみに「われら青春」では英語教師役でした。「飛び出せ！青春」の村野武範（早稲田の商学部出身）も英語教師役でした。

手段として英語を究めた小林にしても中村にしても、こうした人間が、本来の道から逸れ、いい意味の〝でもしか先生〟となった場合、生徒には前向きに〝使える〟英語を関心を引くようなわかりやすい手法で教えていたことでしょう。蛇足ですが、英語の真の使い手は、英文科より経済や商学部、また法学部に多い。その仮説を敷衍すれば、東大生より一橋大生（石原慎太郎・田中康夫・竹中平蔵・三木谷浩史）のほうが、英語の使い手が多いとする通説もまんざら嘘ではないといえるでしょう。必要性に駆られ、ビジネスツールとしての英語をやらざるをえぬ立場にいるからでもあります。

また、これは男子より女子に多いケースですが、キャスターの安藤優子など、日比谷高校時代、1年アメリカに交換留学とやらに出向いています。そして、上智大学の国際学部比較文化学科（アグネスチャン・南沙織・早見優・西田ひかるなど帰国子女の巣窟）へと進みます。歌手竹内まりやも出雲にある大社高校時代、アメリカに1年留学して、将来は旅行会社のツアーコンダクターにでもと考えている最中、学生歌手としてデビューし、学業との両立が難しくなり、慶應大学文学部英文学科を中退しました。彼女も、小林克也同様、十代から、洋楽で英語耳はそこそこ鍛えられ、養われていたはずです。

小学校英語否定派の論客の中心人物である鳥飼玖美子氏も、高校時代1年のアメリカ留学を経て、上智大学スペイン語学科へと進み、その後同時通訳の第一人者にまで昇りつめ、現在では立教大学名誉教授の肩書をもち、数年前まで「ニュースで英会話」の司会なども務められていました。

こうした3女史に共通する、内発的に英語に向き合おう、進んで海外に出て行こうという密やかな英語への気概といったものをもっている方々が、いい意味での〝でもしか先生〟にでもなれば、しゃべれる英語教師になっていたでしょう。

実際、おおかたの英語教師は、以上のような経歴、精神ルートを経ずして英語教師になっているはずです。男子なら、生け花やバレーといった女性的習い事を大っぴらに趣味であるとは言いがたいように、内向きに、〝英語はプチ好きで、プチ得意〟〝英語の成績が良かった、子供と向き合うのが好き〟という表面的理由で漠然と教師像に憧れる、こうした種族が英語教師をやっているはずです。英文科に進み、3分の2が女子の中で、イギリスやアメリカの作家を卒論にして卒業し、英語の教職についたいわゆる英語文学青年が英語教師になるケースが多いのです。

女子にもこうした部族がいますが、比率的には、男子ほど多くはないでしょう。やはり話す英語、しゃべれる英語に関して、男子以上にこだわりがあるからだと思います。だから、英検準1級以上やTOEICの800点以上にこだわる女子大生が多いのです。文学青年的英語教師のほうが、「英検取れ、TOEIC受けろ」と口やかましく生徒に指導する実用英語派英語教師より、超進学校（早慶以上の大学に進学する生徒が多い高校）では評判が良いのは、キチンと文法、構文、読解に比重を置く授業をするからでもあります。

理科実験で有名になったでんじろう先生のエピソードですが、「しくじり先生」というテレビ朝日の番組での話。理科の授業に全く興味をもたない非進学校の生徒に、あのおもしろい実験を披瀝したところ、授業は盛り上がり超人気教師となりました。転勤で進学校に赴任し、そこで同じ授業をしたら、生徒たちは、「そんな実験ばかりしていたら、他の高校に受験で遅れをとるから、教科書をどんどん進めてください よ」と顰蹙の嵐だったといいます。話す英語主体の授業をする先生と読む英語主体の授業をする先生で、生徒の人気度が割れる事情も同じです。非進学校と進学校では違うのです。

その実情がわかっているだけに、大学受験では、2020年以降、〝読み・書き・話し・聞く〟の4拍子そろった英語を目指す目的でセンター試験を廃止し、英検、TOEIC、GTEC、TEAPの資格系試験へ移行する方針を打ち出しました。

断言しますが、こんなことをしていてはもっとできない生徒を量産する羽目となるでしょう。小学生に専門でもない英語という科目を小学校教員に課すように、中学高校の英語教師に、専門でもない〝話し・聞く〟能力の責任を押しつけるわけです。無謀、いや、無責任すぎる文科省の役人たちです。

福田昇八氏の『話せない英語教師』の内容ではありませんが、日本中の英語教師全員に、2か月休職して、英語のネイティブ合宿でも課さない限り、しゃべれる英語教師など出現しないでしょう。いや、たとえ多数のそうした教師が出現したとしても、「生徒の英語能力のトリクルダウンなど起こらない」と断言できます。

不遜ながら、非教育的な事柄をあえて言わせてもらいますが、これは英語教師の無意識の本音でもあるでしょう。

英語教師というものは、自分よりも能力が劣る者（生徒）に、それも半数以上はやる気のない連中に、外国人に英語で話しかけられるくらいになればいいという程度の目標で授業をしたところで、その生徒たちは、英語をペラペラ話せるようになりたいという意欲など湧いてはこないでしょう。つまり、話せる英語を身につけようといった内発的〝ロイター板〟を心にもっていないのです。

自分より上の者（留学先のキャンパス内の人々やビジネスパートナー、取引先の人々）に近づきたいという高い目標・動機が内面にあれば、必死によりスキルアップしよう、もっと自然でハイレベルの英語を身につけようといった動機や気概が生まれてくるものです。

つまり、全く英語が話せない日本人の父親が、アメリカ人女性との間で生まれた赤ん坊のために、英語の入門・初級以前の表現などわざわざ勉強してまで、赤ん坊と向き合うでしょうか、ということです。これは学校英語教師と学習動機が薄い生徒の関係にもいえることです。

何度も言わせてもらいますが、使える英語は、しゃべれる英語とある意味同義です。このしゃべれる英語とは、外資系のオフィス、商社の駐在員、留学中のキャンパス内など、ネイティブを相手に切迫した状況、必要性の風圧の中、必死で対応する渦中で初めて実を結ぶもの、ある程度、身につくものです。

半数以上がしゃべれる英語など希望していないような生徒たちのために、実用英語を〝勉強〟する気になど到底なれやしないというのが現場の英語教師の本音でしょう。実際、企業でぺらぺら英語を用いているビジネスマンに教室に入っていただいて、生徒にどれだけ巧みに英語を教えられるか実験してもらいたいものです。

教室で、中途半端な実力（単語や文法や作文力など）の生徒連中に、ネイティブに近い英語で話しかけて英語の授業をするより、日本語を交えて文法に基軸を置く授業をするほうが断然効果的だと断言できます。

つまり、英語で生徒に話しかける教師の中途半端な〝しゃべれる英語〟くらいだったら、むしろしゃべれなくていい、むしろ、しっかりとした日本語で理路整然と英文法や読解の授業をしたほうが、教師にとっても生徒にとっても効率が良い、むしろ効果が上がるといいたいのです。だから英語教師は〝如来〟ではなく〝菩薩〟を目指せ、〈英語〉なんてできなくてもいいと主張しているのです。

しかし、これすらできない教師と、これができる教師を味噌も糞も一緒に考えている次元にいるという点こそ英語改革の死角でもあります。文科省の思慮の浅さでしょうか。

さきほど述べた、実社会で英語を用いているビジネスマンの使える英語と、教師に求められる使える英語とは、そもそも次元、いや、悟りを説く大日如来と不動明王くらいに違うものなのです。TOEIC 英語と TOFLE 英語の違いくらい性質が異なるものです。

学校現場の〝真の英語教師〟が転職して、商社なりに入ったとしましょう。数年でしゃべれるビジネスマンに変貌しているはずです。しかしその人でも、生徒に再度英語を英語で教えるとなると、教える天分をもっている人は例外としても、もう一度〈学校英語〉というジャンルを勉強し直さねばならなくなるでしょう。エベレストを登頂して、下山して、再度マナスル登頂を目指すようなものです。

このように、12歳から英語を学んだ教師が、12歳から英語を学んでいる生徒に、英語で英語の授業をするということが、どれだけ非効率的かを、役人は自覚してもらいたいものです。

以前、ＮＨＫの「プロフェッショナル」という番組で取り上げられていた公立中学校の田尻悟郎氏などの名教師は、あくまでも中学生を対象にしているレベルです。

カリスマ高校英語教師は、そうした番組ではお目にかかったことがありません、むしろいぶし銀の名物高校英語教師は取り上げられたことがないといったほうが適切かもしれません。立ち位置が微妙だからです。

優れた高校英語教師というものは、〝予備校講師〟型へと四捨五入されてしまいます。したがって高校英語に関していえば、これも以前、同番組で取り上げられていた駿台予備校講師、『ドラゴン桜』のモデルともなった竹岡広信氏というカリスマ講師となってしまうのです。

〝高校英語を英語を用いて授業をしろ〟などとは、冗談もほどほどにしてほしい。

高校英語は、むしろ準高等教育とみなし、中等教育を中学のみに限定すべきです。高校英語は、大学の講師また准教授なみに知的教養をバックグラウンドとしながらも、盤石な文法・構文力をもつ教師が噛んで含めるように教える任を背負わなければならないのです。構文の複雑さ、内容の高度化、語彙の抽象化、こうしたものが、重層的に絡み合うレベルの英文が、入試で求められているのですから。

はっきりと言えることですが、文科省の検定英語教科書レベルでは、到底、制限時間内で早慶以上の大学の合格ラインには届きません。ましてやどんな進学校であれ、その学校に三分の一ほどしかいないとされる比較的有能な教師にでも出会わなければ、必定、塾・予備校のお世話にならざるをえないという現実に、高校3年時の生徒は直面するのです。これが学校不信、いい意味での〈受験英語〉が自覚される瞬間です。そして、塾、予備校通いが始まるというわけです。

江戸末期、漢学から蘭学へ、そして、蘭学から英語や仏語、独語の必要性に目覚めた武士の俊英たちの内面のように、進学校の生徒たちの内面で、〈学校英語〉〈受験英語〉〈予備校英語〉へと変化してゆくのは、ちょうど、〈佐幕攘夷〉〈佐幕開国〉〈尊王攘夷〉へと時代の風潮が変遷していった経緯と似ていなくもありません。では、この〈学校英語〉〈受験英語〉〈予備校英語〉の定義を〈実用英語〉とも比較しながら、次の章で峻別してみたいと思います。

学校英語・受験英語・予備校英語・実用英語の峻別

この章では、聞きなれた言葉、しかし日本独特の言葉、おそらく外国語を学習するうえで、世界で皆無ともいっていい言葉、それを深く考えてみたいと思います。

インド発祥の仏教が東南アジアやチベット・中国・韓国とも違ったかたちで進化を遂げて日本仏教になりましたが、日本の英語教育はそれと似ています。では、そもそもその言葉とは何か？　ご存じの方も多いかもしれませんが、〈学校英語〉〈受験英語〉〈予備校英語〉〈実用英語〉がそうです。

こうした名称が付される淵源は、真名と仮名という平安時代に変貌を遂げた日本語の端緒からその後、鎌倉時代における漢文の読み下し形式による音読みとは別個の訓読みの進化、そして明治初期の明六社による〝和製漢語のビッグバン〟と〝言文一致体の出現〟にあります。

こうしたルーツを背景にして、その後の英文和訳を基盤とした西洋の科学技術の導入により、高等教育において英語・独語・仏語などの西欧言語が必須のアイテムとなりました。しかし外国人の流入が少なかったこと（昭和末まで地方の田舎町では外国人はほとんど見かけられませんでした）と日本人の海外進出の希少性（選ばれしエリートと大企業の社員くらい）、この二つの要因が軽いブレーキともなり、また、日本の国際化が発展途上段階であったこともあり、英語教育は、ちょうど幕末の尊王攘夷派のごとく旧態依然たる状態に安穏としていました。

まず〈学校英語〉とは、書いて字のごとく、「学校で学ぶ英語」であり、学校という中学・高校の場に起因する言葉です。

その目的とは、中学では、英検3級ゲットの主旨（日常生活に必要な基本的な英語力）であり、高校では、英検2級ゲットの主旨（ある程度の言いたい内容を書けて、そこそこ抽象的な内容の文を読める程度）であるといってもいいでしょう。

この学校英語が、本質は中途半端な英語力の生徒を量産する名ばかり実用英語と化し、その現場教育は劣化の極みに至っているといっても過言ではありません。〝読み・書き・話し・聞く〟といった4拍子の理想を掲げる文科省の指導方針にどれだけ沿ったものなのか、またどれだけ現場がそれを実践しているのか。お役人たちの中には知っている者もいるかもしれませんが、財界→自民党→文科大臣→文科次官といった上からの指示が無理難題であることを、文科省の一部の平役人・ノンキャリは熟知しているはずです。英語の授業を英語でする非効率性、またその愚かさはその極みであるとさえいえます。

さらに教科書の指導項目も羊頭狗肉のごときです。つまり英語の科目の名称が、新課程ではコミュニケーション英語と謳っていても、内容は昔の読解（リーダー）なのです。また、英語表現Iなる名称も、実質は英文法（グラマー）のことです。読解イコール英文和訳、英文法イコール使えない英語と、英語の負け組の声を忖度してなのか、看板を大いに書き換えてしまっています。憲法における自衛隊の存在や集団的自衛権の解釈なんてもんじゃない教育方針のインチキさが透けて見えてくるようです。

現場では、江戸時代キリシタン禁教の最中、読解・文法厳禁の文科省のお達しの下、観音菩薩像の背後にマリア像を描いたり、十字架を刻み、キリシタン奉行の監視をかい潜り、キリスト教を堅持した長崎庶民のクリスチャンのごとく、英文読解や英文法を教えている観のあるのが現在の進学校の実態です。

こうした現場、特に、神奈川県の公立中学生の間では、臨海セミナーや湘南ゼミナールといった公立ナンバー校（翠嵐や湘南など）を目指す塾が活況を呈しています。また、標準的公立高校に至っても、河合塾現役館やら東進ハイスクールなどの恩恵に浴さなければ、今ではＭＡＲＣＨ以上の大学には合格できない現実があります。

それに対して、私立の中高一貫校は、文科省の言いなりにはならない、ある程度の教育自治力というものがあるため、週休二日制を無視していたり、非検定教科書（プログレスやニュー・トレジャーなど）を採用する自由度のおかげで、塾や予備校に通う生徒がないようにみえます。しかし実のところ20年以上、こうした私立中高一貫校ですら、学校当局から「中学から塾・予備校には通うな！」という生徒父兄への指導を無視し、隠れ塾派が激増しているありさまです。

こうした現象は、公立私立を問わず学校教育現場では、高等教育へ送り出す英語・数学などの基礎学力が担保できない事態にまで至っていることの証拠ともいえるでしょう。東京都が高校教育の無償化を実現したとしても、高校時代、自腹を切ってでも、塾・予備校に通わなければ〝真の意味での〟受験の勝ち組にはなれないという世知辛い現実が厳然として存在し続けるのではないでしょうか。その陰陽を世の親御さんに知らしめた本が『塾歴社会』（おおたとしまさ著）であり、そこには「この国では塾がエリートを育てている」ともあります。

中等教育、すなわち中学校・高等学校の現場の教育が、今、巷で話題になっているように、教師にとってもブラック職場となり果てている負の要因が、教科の指導法にまで悪影響を与えるまでになってきています。いわゆる、教育現場の負のスパイラルです。

学校英語というものは、内申を上げて中間・期末テストでいい点をあげるという、一種、暗記でしのげるがり勉タイプの英語、もしくは、慶應などの付属校生が、赤点を取らず進級するためのハードルのごとき存在であり、一発勝負の大学受験を目指す生徒には、インフルエンザ（早慶上智生になりたい欲望）や悪性の感冒（ＭＡＲＣＨに入りたい希望）に罹った人が、市販の風邪薬を飲む程度の存在になり果てています。

もちろん、インフルエンザに罹っても、市販の風邪薬を飲み寝ているだけで回復する体質の者もいるでしょう。しかしそれはあくまでも例外で、ＩＱの高い、本来英語の資質や能力に長けている生徒です。それほど学校英語という存在は、30年前、40年前と違い、市販の風邪薬のように、一発勝負の入試に勝つ効果がなくなってきているのです。

そうした学校英語では駄目だと気づき始め、「学校の授業以外に塾や予備校に通おう」、また、「学校の教科書以外のものを使おう」と意識して学校の週5時間の授業以外に他の習う場所や参考書に関わり始めた段階の英語を〝受験英語〟とも定義できるでしょう。

それはおおかた、高校3年になるまで意識されず、ちょうど癌の末期患者が余命1年を宣告されるのと同じように脳裏に浮かび上がってくる自覚でもあります。「ああ、来年の今頃は、私はこの学校にいないんだな！」と、部活生なら先輩がいなく、ひとしお実感されてくるものです。

高校1年、2年は、先輩もいるし、人生がいつまでも続くものと普通の人が錯覚して、死を忘れて生きているように、その時期は、のほほんと漫然と学校の定期テストをクリアする学校英語だけ、まるで古文の限られた範囲を、現代語訳を暗記して凌いできたのと同じ勉強法で、英語でいい点をとることもできます。

しかし高校3年の初めか、高校2年の終わり頃の模試で、自身の〝初もの問題（初見問題）〟がどれほど解けないか、歯が立たないかに愕然とします。そこで初めて、幕末の志士が開国に気づくように、〈受験英語〉を意識するようになるのです。

そう、〈受験英語〉とは、受験を目当てに勉強する英語の謂いではなく、その生徒に一発勝負の〝初見問題〟を打ち下さなければという気概が芽生えた段階での、学校英語の脱構築の英語のメンタル的側面を指す言葉です。

では、〈予備校英語〉とは、どう定義するものなのでしょうか？　一般的に、〈受験英語〉と何ら違いがないではないかと、いぶかる人もいるでしょう。そこで、この〈予備校英語〉なる用語を定義することで、英語教師の良し悪しのリトマス試験紙にしてみたいと思います。

片田舎の代わり映えのしない授業に危機感を抱き、その町の書店で、受験参考書や問題集を見て受験の現実を目の当たりにして、学校の授業以外でも前向きに英語をやり始めた生徒が初めて自覚するのが〈受験英語〉ですが、その次の段階がまさしく〈予備校英語〉なのです。

共通一次開始以降、とりわけ1970年代後半以降は、旺文社や学研といった受験参考書の老舗で出されている大学教授系の参考書より、大手予備校、特に駿台や河合や代ゼミで出されている予備校講師が著した参考書が隆盛を極めました。

こうした参考書に、英語（※数学や古典なども）の本質を目覚めさせられ、〝英文法とは、英語構文とは実はこういうものだったのね！〟という実感を覚えた英語、また、予備校の英語講師の授業に出席して、その科目のみならず、その周辺領域（学校では味わえない知的教養と呼んでもいい）が、その授業を体験した生徒のメンタルとハートに根付いた英語――それを〈予備校英語〉と私は呼びたいのです。

この予備校英語なるものは、英語が苦手であった講師、英語で挫折した講師、こうした英語の負け組の経験をもつ講師が、自らの流儀を編み出し、それを英語で苦しむ生徒に伝授する流れを汲むもので、これは、従来の大学教授が、その出版社のゴーストライターと共同で執筆する〝経典〟とは血の通い方が断然違います。その予備校講師の血が通っている〝経典〟ともいってていいでしょう。だから生徒の心に響くのです。

こうした〈予備校英語〉体験をして、英語教師、英語講師にどれだけ多くの人がなったでしょうか。今話題の、『「学力」の経済学』を出された慶應大学教授の中室牧子氏のような人に統計調査をとってもらいたいものです。こうした経歴をもつ英語教師に向かって、この論を訴えてもいるのです。

また、この予備校英語は、敷衍して解釈すれば、何も、塾・予備校の参考書・講師の薫陶を受けただけにとどまりません。それは、中学時代、高校時代のある英語教師によって英語が開花した、英語がおもしろくなった、これでもいいのです。

それは学校英語ではないかと反論されるかもしれませんが、その科目は、その学校の教科書、その学校のシステムでできるようになったわけではなく、その一個人の英語教師との出会いがなければ脱皮できなかったケースです。

したがってその生徒は、学校のある教師と英語を通した〝解脱〟体験をしたのですから、やはりそのケースも予備校英語と、内面的、内発的に同じといってもいいでしょう。灘や開成の優れた英語教師と秀才とされる生徒の関係もこのケースが多いといえます。

英語教育改革の保守派、英語は小学校から不要派、英文法擁護派……具体的名前は挙げませんが、どれだけこの〈予備校英語〉の恩恵に浴した経験をもっている大学教授が多いことでしょうか、高校英語教師が多いことでしょうか。あにはからんや、カリスマ英語予備校講師がどれだけいるかは言うまでもないことです。

おおかた、この予備校英語なる経験をもつ者が、ある意味英語の勝ち組となり、生涯の生業とする者、また、企業で独力で磨きをかけて仕事のツールとしているビジネスマンなのです。

実は、英語教育改革リベラル派でも、この〈予備校英語〉を一切口にしない、いや言及しない部族がいます。それは、その恩人たる参考書・英語教師・英語講師の〝秘儀〟を、自身が英語という科目から直に空気や水のように会得しているにもかかわらず気づかない連中なのです。

ある意味、そうした英語エリート組は、その〝秘儀〟会得のプロセスを秘匿しているのか、無自覚なのか、疑いたくなる部族なのです。自身の人格がそうさせているのか、知性がそうさせているのか、やはり英語教育改革のリベラル派は、英語教育や英語学習に苦悩している生徒には、薄情ともいえる手法を口にするものです。

まず、受験英語の神様の異名をとりながらも、自身の英語経験の内実は叩き上げ組ともいえる伊藤和夫の、政治学者丸山眞男への英語学び方批判を挙げてみましょう。

「そこでまずおすすめしたいのは、何でもいいから自分の実力で比較的容易に読める本を選んで、それを頭から読んで行くのです。という意味は、一々文法を考えたり、この関係代名詞はどこにかかるというようなことを一切考慮しないことで、英語から直接内容を理解するように努めることです」（丸山眞男「勉強についての二、三の助言」）

この文章はすでに相当の学力をそなえた旧制高校生を意識して書かれたもので、そのかぎり過去においては有益な助言であったろう。しかし、……英語を英語として文法を意識せずに読めることが理想であることを筆者（伊藤和夫）は決して否定するものではないし、英語の学習に日本語をどの程度参加させるべきかについての私見もないわけではないが、……ここで言われているのは、「頭がよければいつかは英語が読めるようになるだろう」ということにすぎない。（『予備校の英語』伊藤和夫）

ここで述べられていることは、新幹線で東京から大阪へ到達した人の学習経験であり、鈍行のつらさを経験した知の苦労人が、知のエリートを揶揄した言葉でもあります。

次に、実社会で活躍された英語の達人、國弘正雄氏が、一橋名誉教授野口悠紀雄の『「超」

勉強法』という超ベストセラーにもなったハウツー本に書かれている英語の学び方の一節に辛口の批評をしているものを挙げましょう。

反対に、丸暗記法については肯定的な言葉が続きます。「教科書を丸暗記すれば成績は目立って上がる」「興味あるものを暗記しよう」「ケネディの演説を暗記しよう」「シュリーマンも暗記法だった」云々です。……

おそらく著者は、「英文を知的に分析しているだけでは、英語ができるようにはなりませんよ。暗記するほど、繰り返さないといけません」と言いたかったのでしょう。それが、つい勢い余って、分析法は×、丸暗記法が○という図式で噴火した。

著者は日比谷高校→東大→大蔵省→ハーバード大学（編注・本当はイェール大学）→東大教授のスーパーエリートです。察するに、大学入試程度の英文法の理解など、なんでもなかったのでしょう。初歩の英文法すら勉強するのを嫌って、他に何か楽な方法はないかと幻想の中を漂っているタイプとは根本的に違うのです。（『國弘正雄の英語の学びかた』國弘正雄著）

丸山眞男にしても、野口悠紀雄にしても、知の金持ち、また知のブルジョワです。ある意味、海外経験を幼少期にもつ者、また、少年少女期にある期間海外で英語を使って生活していた者、いわゆる〝運命の英語〟を担ってきた人間と同列です。

挫折なり、苦悩なり、困難と同義の努力を強いられて英語を身につけてきた、いわば〝宿命の英語〟と付き合わざるをえなかった人間には彼らの手法・流儀は当てはまりません。為末大の言う「ボルトの手法をまねてもボルトにはなれない」ということです。

ですから、「平泉・渡部英語教育大論争」でも、英語叩きあげ組の私としては、平泉氏の論旨には、生理的にどう熟慮しても与しかねるわけです。

話はそれますが、政治的リベラル派は、知的（理想を追い求める姿勢）にまず論拠を立てる。保守派は、情的（人間は間違えるもので不完全なものだという姿勢）に論拠を立てる。人間の本質を見抜いているか否かの違いです。これと同じように、まるで親の恩を忘れる旧制高校の学生、尋常小学校時代の教員の恩を忘れて出世した社長、こうした資質に近いものを、英語教育改革リベラル派に感じてしまうのです。

帰国子女系列の英語教育者、すなわち、幼年時代、小学校時代、中学校時代の数年間、もしくは10年近く、親の仕事の関係で海外で英語を学んだ経験のある者の中に、実は英語学習のいずれかの期間に、日本人の英文法重視派の教師に出会っていながら、その授業が自身に効果があったとしても、〝親の恩子知らず〟ではないが自覚せず、英文法不要派、英文法消極派となった者がどれだけいることでしょう。おそらく彼らは、小難しい文法用語や文法理論などは使用せずに文法の鍛錬を非常に多く行った可能性も大なのです。

フランス語教育で有名な暁星学園を出てフランス語の使い手となり、大学（慶應の仏文科の教授）やジャーナリズム（倉田康雄氏など）で活躍されている方々も、フランス語文法の徹底的な修練を経てきたのです。実はこの文法の千本ノック的鍛錬を、文法理論とは自覚せず、文法軽視派に属している英語教育関係者がどれほどいることでしょう。

最後に、〈実用英語〉とはどういうものか？

これも読んで字のごとく、実際、現実に、有用性をもつ、社会で用いる英語くらいの意味でしょう。これにも私は異議を申し立てたい。これを中高の段階で、生徒に強要する愚策、無駄を文科省の連中はわかっていません。

〈実用英語〉とは、使う目的があって初めて成立する英語の謂いです。トラベル英会話、ビジネス英会話などですが、中等教育の段階で、人生の目標、将来の仕事、来年の志望大学、こうしたものさえあやふやな未成年に教え込む、曖昧模糊たる実用英語など、非効率的のみならず、教師にとって教える熱い動機すら湧いてはこないでしょう。就職先の業種・企業も未定の就活段階の女子大生が、その叔母から見合いの写真を見せられたり、縁談の話を持ち掛けられたりするようなものです。

実用英語とは、中高生であれ、大学生であれ、社会人であれ、その人が、目的・目標の実現に必要不可欠と強烈に意識したとき、自らに向けた学習上の英語のことです。実用英語といっても、貨物船もあれば大中小の漁船もあります。また、軍艦もあれば豪華客船もあります。大学という内海、企業という外海、そして、国連という大海原もあります。旅行という浜辺に面した浅瀬の海もあります。

まず、その有用性の海に出航するという自発的な動機がなければ、実用英語など幻想、いや夢想にすぎません。つまるところ、これも外部からあれこれとやかく言われる筋合いのものではなく、自らが心に描きだすものです。

よく政治家が選挙運動中に、街頭演説で「愚直な私でありますが、当選した暁には…」と絶叫している光景を目にする方も多いでしょう。この「愚直」という言葉は問題です。そもそもこの言葉は、自身が一人称で用いるのが誤用とまでは言いませんが、不適切以上に不自然です。これは、本来三人称で用いてこそ意味があるし、それが正統的な用法なのです。この文脈と同様に、英語教育の用語も逆のことがいえます。〈学校英語〉、これはその〝学習の場〟をベースとして、三人称で用いても一切問題はありませんが、〈受験英語〉〈予備校英語〉〈実用英語〉は、三人称で用いると、印象派の絵画のごときものになってしまいます。そこで、これらを私はあえて一人称、すなわち自発的に内面から湧き上がってくる学習英語と定義したのです。

なぜなら、後者の3つの用語は、表面的なものとしてしか認識されてはこなかったからです。特に受験英語と予備校英語を積極的・肯定的に定義し、〝市民権〟を与えたかったからでもあります。

英語教育リベラル派の総本山でもある上智大学の教授も務められた、英語教育改革保守派の渡部昇一氏も、ある教育論で似たようなことを語っていました。

渡部昇一と伊藤和夫は、英語学習の流儀である意味、外国語の読解の正統性（オーソドクシー）で一致します。日本における英語学習の手法は、グローバルスタンダードからはいちばん遠いのです。『解体新書』以来培われてきた、外国語習得のオーソドクシーというものを手放すこととは、憲法九条を削除する以上に、教育上、亡国への道を歩むことに気づいているものは、英語教育改革の保守派の論客です。

使える英語、実用英語などと喧伝し、世の教育産業をも巻き込み、2020年英語教育大改革などと絶叫することは、〝角を矯《た》めて牛を殺す〟ことになるということを、政府に諫言しておきたいと思います。

非英語学科出身にこそ名英語教師あり！

「善人なおもて往生をとぐ、いわんや悪人をや」

親鸞聖人のあまりにも有名な言葉で、「急がば回れ」に似た逆説的なフレーズとしてよく引用されます。

「英語教師は〈英語〉ができなくてもよい」という言葉を吐いたら、おおかたの人は何を馬鹿なことを言うか！　と激怒、もしくは鼻で嘲り笑うのが関の山というところでしょうか。この「英語教師は〈英語〉ができなくてもよい」という極論には、「急がば回れ」以上、「善人なおもて…」以下、それほどの学習上の真理というものが内包されていることを語らねばなりません。

私事になりますが、英語塾を主宰している都合上、講師募集の要綱、いや、当塾の理念ともいう条項に、「英検1級よりも、準1級、いや準1級などもってはいなくても、生徒の気持ち、生徒が英語を学ぶうえでの〝過程〟を熟知、わきまえている人」という一文があります。これがまず、「英語教師は〈英語〉ができなくてもよい」という入り口にあたる一里塚といえるでしょう。

話は飛びますが、ある高校で青い目の外国人と、12歳から英語を学び英語教師となった人が、それぞれ1～4組の2クラスずつ、それぞれを3年間、大学受験の入試という目標に向かい担当したとしましょう。おそらく後者のほうが、読み、書くという次元では、断然生徒が飛躍的に成長すること間違いありません。世にいう有名大学の合格実績なるものが、前者で芳しくないのは、一般の英語教師なら容易に想像がつくはずです。

たとえば、ちょっとした文法用語も用いず、thatという単語を関係代名詞、接続詞、指示代名詞などの言葉を用いずに生徒に説明する、また、仮定法を、日本語を交えず、仮定法の本質を英語で説明するとなると、英語教師でも、相当仕込みをして授業に臨まねばならないでしょう。いや、たぶん英語で説明されているその英文の内容、単語、また、構文すらも生徒たちは表面的にしか認識していないことは、想像するに難くありません。文科省はこうした試みを推進しているのです。

他の章でも似たようなことに触れましたが、ネイティブの外国人からワンランク下げ、帰国子女派の英語教師が高校で教える場合を考えてみましょう。発音はネイティブ並み、タレントのシェリーか歌手の宇多田ヒカルあたりを想像してください。彼女たちは、日本語の言語空間でも育ってきたという原体験があります。幼児期から、母国語の日本語に劣らぬくらい英語漬けの日常にいたわけです。

こうした、ある意味で〝英語セレブ〟の人間に、〝英語貧民〟の人間（12歳から英語を始めた学校のみの英語体験人間）の気持ちがわかるでしょうか？

再度、野球の監督を例にとりましょう。長嶋・王監督よりも、野村監督のほうが理論的指導者としては格が上だという評価は有名です。野村氏には失礼ですが、長嶋・王は、才能が一流の選手でしたが、野村は一・五流、それを研究と努力で一流の域に這い上がった選手です。そのため彼は一流のメンタル、そして二流の気持ちもわかる監督なのです。指導者として大成した所以です。

その野村氏をもってしても、「俺より優れた監督が2人いる、それは西武の森監督と、阪急の上田監督だ」と言わしめたのがその2人の名伯楽。でも選手としては、森は名将川上監督の横顔を、上田は西本監督の背中を見つめていたことが、その後の彼らを成長させたのでしょう。

何が言いたいのかというと、物事は、自身ができることと、それを人に教えるということは別次元であるということなのです。

この点、英語教育に関して、英語の達人國弘正雄氏も晩年の名著『國弘流英語の話しかた』の中でそれと似たことを強調されています。

北島康介を育てた平井コーチにしても、高橋尚子を育てた小出監督にしても、現役時代は無名選手でした。また、野茂やイチローの素質を見抜いていた仰木監督も同様です。日本と違い、メジャーリーグの監督のほとんどは、現役時代二流とまではいいませんが、一流の選手だった人物は皆無に近いでしょう。

ベーブ・ルースがヤンキースの現役を退く際に、オーナーから、「二軍監督を2年やったら、そのあと必ず一軍の監督にするから。お前みたいな才能のない奴がほとんどだから自分以下の才能の奴の御し方を覚えてこい」と告げられ、彼はへそを曲げて、それを断ったがゆえ、ルースは監督をしていません。

長嶋のように、V9後、引退し、即巨人軍の監督となるルートは、アメリカには存在しません。だから、日本球界でプレーしたアメリカ人が、意外にもメジャーリーグの名監督となっている人物が多いと聞くのもむべなるかな、です。

それでは、日本の大学の英文科を出て、英米に数年留学した英語教師はどうでしょうか？

問題となるケースを述べると、次のようになります。

その二十代後半の英語教師が、いや、国内にいて、TOEICだの、TOEFLだの、自己研鑽に明け暮れている英語教師、当然英検1級なるもののタイトルホルダーでしょう。こうした連中で問題なのが、自身が中学1～3年、高校1～3年というように、国内、学校内で暗記してきた単語が、どういうレベルで脳裏に入っていったか、その単語の難易度が、単語の学ぶべき段階が自身の中でガラガラポンをして、英文の読解最中に、高校1年あたりの生徒に対して、「どうしてこんな単語も知らないのか？」と上から目線の指導となる傾向が多分にあることです。そのため、大学受験のレベルの高い単語と中3から高1レベルの英単語の認識ができなくなってしまうのです。

プロ野球を10年経験した選手と、高校で社会科を教えている社会人野球出身の人物を、即、同等レベルの高校球児にあてがい、どちらが早く甲子園に出場させられるかを競わせた場合、断然後者のほうが勝ると、私は確信しています。

有名な予備校Tハイスクールのカリスマ講師Y氏やI氏が、音読やシャドーイングを推奨していたり、また、和訳軽視、きれいな訳など不要だ、意味さえ分かれば十分と喧伝していますが、これなどもある意味、自身の境地、禅宗でいう只管打座を強要しているわけで、できなきゃ堕落者だと言わんばかりです。そうは見えませんが根性論に近いともいえましょう。

私見ですが、予備校業界で英語の本質を教えられるのは、意外や意外、英語学科や英文科出身者（絶対数が多いため必然的に優秀な英語教師は、英文科にもいることを明言しておきます、誤解がないように！）よりも、哲学、仏文、思想・言語などを突き詰めてきた人たちです。日本における英語教育のパラドックスでもあります。

〈駿台系〉

伊藤和夫（東大哲学）、飯田康夫（東大仏文）、桜井博之（京大仏文）、竹岡広信（京大工学→文学）、

大島保彦（東大哲学）、薬袋善郎（東大法学）

〈河合塾系〉

里中哲彦（早稲田政経）、川村一誠（早稲田政経）、島田浩史（大阪大歯学）

〈代ゼミ系〉

大矢復（東大伊文）、西きょうじ（京大経済→文学）、副島隆彦（早稲田法）

〈その他系〉

晴山陽一（早稲田哲学）、尾崎哲夫（早稲田法学）

以上のように、英語の参考書など広く目を通している英語教師なら、非英文学科・非英語

学科系の予備校講師がいかに優れているかがおわかりでしょう。もちろん英文科出身でも、優秀な英語講師はそれに劣らずいることはいますが、せいぜい現在では関正生氏（慶應英文）や小倉弘氏（慶應英文）、そして清水建二氏（上智英文）の右にでる講師はまれであり、ましてや英語学科（上智や外語大など）出身で私の眼鏡にかなう英語講師は皆無です。

その原因は、他人に英語を教えることよりも、自身が大学時代、英語のスキルアップに没頭し、ある意味中等教育の英語、学校英語、受験英語をアンラーニングし、一種、頭脳が準ネイティブ化されてしまっているため、教えるうえで必要な英語理論が無意識に沈み、実用英語・口語英語、すなわち使える英語＝実用英語が主眼の境地に至ってしまっているからです。

ここにこそ、英語学習の悪い意味での脱構築化がメンタル上生じて、畢竟、生徒の学習上のメンタルと乖離が生じてしまっていることの淵源があるのではないでしょうか。

引退した選手が、現役選手なみに、走れない、泳げない、プレーできないといって、指導が滞るでしょうか、いや、英語や国語、数学は別だ！　と反論も出ましょう。もちろん生徒よりも英語が読めて、書けて、語彙も豊富である点では、スポーツとは次元が違いますが、要諦は指導力という点です。自身の英語の能力が上がれば上がるほど、英語は母国語に近い域に入り、発展途上の生徒とは学びという過程で齟齬が生じ兼ねないのです。この点が、英語学科や英文科出身の講師と、哲学や仏文出身の講師との境目が生じているところです。

貧しい環境で育った者は、大金持ちになるとその弱者の心境を忘れがちになります。一流の才能に恵まれし者は、二流の心境がわかりません。英語も、自身が中学から始め、留学して準帰国子女並みになると、英語ができない人の気持ちを忘れがちになります。また、海外で英語教育を受けていた者は、日本国内での英語学習のしんどさがわかりません。そして自らが学校のテストで成績が下がるや日本の学校英語を批判するのです。

こうした輩が、中学高校の段階で、12歳からやらねばならぬ生徒を前にして、こてこての学校英語、もしくは受験英語を担当するのは、生徒にははなはだ迷惑でしょう。こんな英語教師に習うくらいなら、流暢さ、速読、発音の良さ……などの要素が劣っても、〝英語ができない〈英語〉教師〟のほうが断然マシです。

英語教育と大乗仏教、そして鎌倉仏教

英語教師、もしくは英語教育といったものを、仏教を通して説明すると非常にわかりやすいと思います。インドで釈迦に始まる仏教は、東南アジアに小乗仏教として伝わりますが、これは一般的に最も仏教の精髄を継承しているとされています。

それに対して、中国を経由して、さらに朝鮮から飛鳥時代に伝来した仏教は、大乗仏教として本来のインド誕生時の姿（原始仏教）からまったく変貌し、独自の仏教文化として日本で花開き定着した観があります。

英語教授法に譬えてみましょう。

小乗仏教の東南アジア圏では、母国語を交えずに、あえて自らが英語という言語へと〝投己〟してネイティブへと近づこうとする英語教授法です。シンガポールやインドネシア、フィリピンなどに代表されるように、英語と母語を、教育（知的レベル）と生活で使い分けている言語圏です。自らが釈迦、すなわち如来（無意識に英語を使いこなす）となることを第一義としていますから、自身が悟りを得る、つまり英語の達人になりさえすればよいのです。

それに対して、中国や韓国は大乗仏教圏です。教育と生活、そして必要な場合、高等教育やビジネスの場で、ある意味で仕方なく英語を学び、使用しているといってもいいでしょう。ですから中国語や韓国語は日本語とは違って、英語をデフォルメして母国語に取り入れようとする言語的特性は従来から希薄でもありました。

それでは日本はどうでしょうか？　明治維新以来、明六社を中心に、どんどん外来語を和製漢語に移し替え（自由、経済、哲学、新聞など）、日本語の概念や観念を生み出してきました。ある意味、サンスクリット語の仏教、玄奘三蔵による中国語の仏教、そして奈良、平安、鎌倉を経て独自の仏教へと変貌した日本仏教、すなわち最も多様性を究めた大乗仏教——それこそが日本の英語教育体系なのです。

文科省は、そうした日本独自で進化を遂げてきた英語、ある意味、母国語を駆逐することなく、うまく共存してきた〈学校英語〉〈受験英語〉という、小乗仏教的視点からすれば邪道ともいえる教え方を自己批判せよというように、センター試験をやり玉にあげ、幻想的〝使える英語教〟という語学即ち〝新興宗教〟路線へと、今まさに舵を切ろうとしています。

自民党の、安倍首相に代表される保守派の中には、よく大日本帝国時代の植民地政策について台湾の例を持ち出し、現地の人にも喜ばれる面もあったと、戦前の軍国主義の良い面をアピールする政治家や評論家がいますが、そうした彼らに言いたいと思います。

これまでの〈学校英語〉〈受験英語〉の良い面はなかったのかと。ソニーの社外取締役を務め、多摩大学の学長も務められた中谷巌氏が、渡部昇一氏に「昔の英語の教科書（英語教育）は良かったですね」とべた褒めしているのをラジオで聞いたことがありますが、実際、教科書の文法事項はどんどん削られ、知的教養度は薄められてきた観は否めません。

そうした、プラスの学校英語教育というものを総括せずして、英語教育が改悪（憲法改正が改悪と呼ばれるのと同様に）され、悪しき平等主義、すなわち、できない者の基準に下げ、大人の英語の負け組（実は英語能力だけでなく一般的な理解力の低いことがやる気の低さの原因で英語ができなかったことも一理あり、何も、教え方がまずかったわけではない）の声にポピュリズムさながらに同調して、早くから（小学校段階から）英語を義務化するという愚策を推進しているのが現状です。

わかりやすい譬えをすれば、運動会では一緒に手をつないでゴールしましょうという悪しき平等主義（基準をできない人のレベルまで下げる）を英語教育にも取り入れているような有様です。

極論かもしれませんが、小和田恒氏、明石康氏、大江健三郎氏、村上春樹氏などは、ＩＱの高さ、英語への熱意と努力、さらにエリート教育という複合要素が絡み合っているにしても、彼らは内発的に使える英語を身につけました。こうした英語の使い手たちの伝統を少なからず受け継いでいるのが、〈受験英語〉の良い部類に入る〈予備校英語〉という存在です。

この予備校英語なるものが、戦前のエリート英語教育（最澄や空海の平安仏教）を庶民レベル、つまり、そこそこの地頭（ＩＱ１００前後）でも難解な英語が読め、そこそこの英語が書ける域にまでもってゆくことになったのが70年代後半の三大予備校に象徴される〝鎌倉仏教〟です。法然から親鸞へと継承された浄土教、これが駿台予備校であり、禅宗の流れを汲む臨済宗が名古屋河合塾、曹洞宗が東京河合塾、そして、太鼓を明るくどんどん叩き、明るく教えを説き、他派・他宗を批判する日蓮宗が代々木ゼミナールでした。

この極端な譬えが、まんざら嘘でもないという真実は、『ダ・ヴィンチ・コード』の名翻訳家・越前敏弥氏の『日本人なら必ず誤訳する英文』中のコラム「わたしはこうして英語を勉強した」の箇所を一読すれば、首肯間違いなしでしょう。ああ、私とまったく同様のルートで、それも駿台の伊藤和夫の薫陶に浴し、彼の本に、彼の授業に、英語とはどう読むべきものかという秘儀を得て、英語学習に開眼した人物がいたのだなあと、一種、不思議な因果と自身の英語教育観への確信を得たものです。

予備校英語の典型、源流、始祖ともいっていい駿台英語の中興の祖、伊藤和夫の功績は、あえていえば親鸞聖人の〝悪人正機説〟に似ていると断言できます。『歎異抄』の核心、〝悪人正機説〟の主旨、どうして善人ではなく悪人こそが救われるのか？ これを積極的に曲解して、英語教育論になぞらえてみたいと思います。これを比況すれば、善人とは無意識に英語が使える人、悪人とは、意識してもうまく英語が使えない人といえます。

伊藤和夫の隠れた名著、実は英語教師のバイブルとして推奨したい本に、『予備校の英語』というものがあります。意外なことに、これを取り上げている英語教育・英語学習関連の書籍は見当たりません。この書に一貫して流れている主旨は、生徒の視線・思考から、いかに知的な高度の英文を読みこなせるように指導できるか、その道程の指針に尽きます。

そしてそれが『英文解釈教室』であります。格闘の黙示録であり、渡部昇一氏が、学生時代文法ノイローゼにまでなり、それを克服し、どんな英文でも読める高き霊峰に至った境地に至る別ルートの指導書ともいえるものです。端折っていえば、この書のエキスは、中学受験後、灘や開成の秀才たちが無意識に行っていた、知的英文読解の秘儀の開示というところにあります。それは、『試験にでる英単語』や『試験にでる英熟語』で、森一郎が、日比谷高校教諭時代の英単語・英熟語の秘伝を開示して超ベストセラーになった現象が陽だとすれば、この伊藤和夫の『英文解釈教室』は、陰の役割を果たしていたともいえるでしょう。

この陰の面こそが、受験生の伝説の名著でありながらも、挫折の〝悪書〟との烙印を押されてきた所以でもありました。まさしく、超進学校の秀才の脳髄の働きの実況中継でもあったからです。凡才やがり勉が消化不良になる書でした。伊藤和夫自身、晩年、この書を反省して書き換え、さまざまな別の参考書を上梓しましたが、これは、親鸞の教えが誤解されかねない難解さを宿しているため、弟子の唯円が、『歎異抄』を著したのと同根のものを感じずにはいられません。

しかし、この伊藤和夫の英文を読み込むポリシー、すなわち〝これこれこうだから、この意味にしかならない〟という、一種、将棋の最善手を模索する頭の働きに似たものが、他の予備校講師の名参考書に受け継がれてゆくことになります。難しいことを、理詰めでわかりやすく説明する参考書です。有名大学の教授の参考書が、受験参考売り場から退場する潮の変わり目でもありました。

伊藤和夫の、英文法を英文読解へと脱構築した段階の呼称こそ、英語構文なる用語でもあります。これは、京都駿台の名物講師表三郎氏が、この伊藤和夫の英文読解の流儀を構文主義とも批判していますが、文法と読解の間に、構文という概念を強烈に意識させない限り、ネイティブ並みに英文の意味内容は理解できません。また、和訳などおぼつかないことを考えれば、一種、彼のやっかみ根性か、はたまたネイティブ感覚での批判か判然としないのが私の正直な感想です。

私が〝伊藤和夫論〟なるものを書くとすれば、結局それは〈受験英語〉への総括ということになります。そしてそれはこれからの〈学校英語〉の方向性の指針ともなるでしょう。

英語教師の悪人正機説

親鸞聖人の『歎異抄』の核心概念に悪人正機説というものがあります。「善人なおもて往生をとぐ、いわんや悪人をや」というあの有名なフレーズです。

この概念を、英語教育・英語学習という両面に当てはめて、「ネイティブ・英語の達人なおもて教え方上手、いわんや実力中途半端英語教師〝非僧非俗〟をや」となぞらえたいのです。〝非僧非俗〟とは〝僧＝名英語教師、俗＝凡才生徒〟くらいの括り的意味と解してもいいでしょう。

そもそも、ある程度の最低基準はあるにしても、ネイティブのように〝発音がいいけれど英文法が無意識の閾にある〟英語教師、即ちめちゃくちゃできる教師と、英検準1級程度の会話能力だが、英文法に関しては超詳しい英語教師とを天秤にかけたとき、どちらが果たして中高の標準的な地頭の生徒に教えるのがうまいか、いや、生徒の実力（〝話し・聞く〟ではない）を伸ばすことができるのか、世に、問うてみたい。

文科省の方針の問題点は、教師の英語能力を引き上げれば、即、生徒たちの英語力が伸びると、玉突き状態で短絡的に考えているところにあります。

自身がその教科なり技能なりを教える際、いちばん心得ておかねばならぬことは、自身がその対象に近づくこと、すなわち、その教科、たとえば英語としましょう。それに近づくのではなく、その科目と教え子の関係性（やる気や能力、また資質など）がどれだけかけ離れているのか、それを認識し見抜く能力にあると思います。その関係性を冷静客観的にどれだけ見極められるのか、その資質・気質の有無こそが、優秀な指導者としての証左ではないでしょうか。

マラソンの高橋尚子を育てたひげの小出監督、青山学院大学を箱根駅伝四連覇に導いた原監督、水泳の北島康介に金メダルを何個ももたらした平井コーチなど、現役時代は無名選手でした。しかも教える段となると、彼らと一緒に走ったり泳いだりする体力はもちろん、能力さえない40代の中年男性にすぎません。彼らの優れている点はただ一つ、高橋とマラソン競技、教え子とランニングというもの、北島康介という人間と水泳競技、それらの関係性の認識にあるということです。何度も言いますが、その指導者の競技能力にあるのではないのです。

別の章でも触れましたが、横浜で英語の個人塾を主宰している仕事柄、講師を募集し採用する基準としては、英検1級よりも準1級でもいい、準1級すらもっていなくてもいい、生徒の目線、生徒と英語の関係性（相性・熱意・能力など）、その講師自身の英語克服のプロセス、その手法を堅持している人、それを自ら熟知している人物、それを優先事項にして採用してきました。

日本のプロ野球の監督は、スター、名選手が監督への近道で、ある意味、客寄せパンダの役割も担っているから仕方ありませんが、アメリカのメジャーリーグの監督はその逆です。無名選手だった者、また日本に助っ人外国人で来て少なからず活躍した者が、日本の緻密なスモールベースボール、時には野球理論すら身につけ、本国で指導者として大成するケースが散見されます。

私が何度も知人に語るエピソードですが、あのベーブ・ルースでさえ、メジャーリーグでの監督経験はありません。彼はニューヨークヤンキースを引退した際、即、監督がやりたかったのです。しかしオーナーが、二軍（マイナーリーグ）の監督を2年勤めたら、すぐに一軍の監督を任せようと言ったところ、「二軍の監督なんかやってられない」とその申し出を突っぱねたそうです。

オーナーの主旨は、「お前みたいな一流選手が、お前ほどの才能がない者をどれだけお前並みに育て上げられるだろうか。その才能がない者の苦悩・苦闘をわかってもらうためにも、二軍監督を経験しろ」というのが真意だったようです。しかしルースはへそを曲げて、その提案を突っぱねました。

「名選手、必ずしも名監督ならず」という格言は、アメリカ野球界では、よく知られているものです。

長嶋監督と野村監督を比較すれば一目瞭然です。前者は勘ピュータ野球、後者は野村ノートに基づくＩＤ野球です。「心技体」でいえば、長嶋は体が技を支える側面が大であり、野村は、心が技を支える側面が多分にあるといえましょう。それゆえ「野球は頭でするもの」という弱者が強者に勝つ兵法が成立します。「本を読め」「野球人である前に一人の人間たれ」という言葉が象徴しています。

長嶋野球は、王者の野球を脱しきれない超進学校の手法です。入試で多くの優秀な生徒を集め、それに難題をこれでもかこれでもかと千本ノックをするような手法でもあります。元々素質のある者なら、才能（甲子園で証明済み）が開花する者、能力が飛躍的に伸びる者もいるでしょう。しかし、天性の能力が一・五流から二流の者には効果がありません。理詰めで指導ができないからです。イチロー・松井並みの素質の者（灘や開成の秀才以上の生徒）なら、長嶋レベルの英語教師に習えば飛躍すること間違いないでしょうが、それほどでもない生徒にとっては効果薄です。

長嶋と野村の中間に位置する、王監督の場合を考えてみましょう。藤田監督の下、王助監督として、一種責任のない名誉職から、巨人の監督に就任した頃のエピソードが印象深く残っています。王監督は中畑選手に、中畑自身が苦手とする対戦ピッチャーへの対処のコツ、つまりヒットの打ち方を前もって個人指導していたそうです。ところがいざ実践の試合で3打席凡退した中畑選手は、そこで初めて王監督に食ってかかったそうです。つまり、初めての口答え・反論・反発です。ベンチに引き下がる中畑に向かって、王監督は「どうしてあんな球が打てないんだ！」と激昂しながら愚痴ったそうです。そこで中畑は、「監督！あんただから、あんな球でも打てるんでしょう、俺はね、監督ほど才能ないんだから無理っすよ！」。これなども、指導者と教え子の難しい関係性を象徴する興味深い事例です。林修先生が、MARCHレベルの国語の問題を解けない生徒に愚痴る光景を思い起こしてしまいます。

世界陸上短距離で日本人初のメダリストとなったハードラー為末大も語っていました。「ボルトの手法をやってもボルトにはなれない」と。

その後、巨人を追われ、ダイエーホークスの監督に就任してもチームが低迷、帰る途中、球場を出るバスめがけて、「王辞めろ！」の連呼とともに、卵投げ事件まで発生します。その体験で王監督は目覚めたそうです。

彼の後半の野球人生は、野村的視座を得たものでした。殿上人から俗世に降りてきたのです。一・五流以下の才能の選手の群れへ推参したのです。親会社の経済力も確かにあるでしょう。オーナー孫正義の王監督への絶大な信頼もあったでしょう。しかし王監督自身も豹変したのです。

実は、帰国子女から英語教師になった者、留学経験ありで生徒の面前でこれ見よがしに良い発音を鼻にかけて授業をする教師、音楽や映画を学ぶツールとして英語に精進し、英語が好きで語学教師になった者、こうした連中の中には、この王監督の監督後半生の心得に欠ける人がはなはだ多いのが実態です。

ワールド・ベースボール・クラシックで、イチローを中心としたチーム作りで優勝できたのも、王監督が、一種、〈一休宗純の〝悟りと俗世〟の二面性〉を会得していたことが勝利の大きな要因であったことに間違いありません。

私の塾の生徒によく次のような質問をします。

「英語の発音が良く留学経験豊富なタイプの教師か帰国子女タイプの教師と、12歳から英語を始め、留学経験もないが、知的に教える教師と、どちらが良いか?」

もちろんこの質問は、あるレベル以上の進学校の生徒が対象です。するとおおかたは、後者のほうがすこぶる評判がいいのです。これは、その生徒の回答からの推察であるし、自身もその授業に臨んでいたらという前提での憶測でもありますが。

①留学経験をすると、自身の英語力が飛躍的に伸び、自身が日本で学習したラーニング内容をアンラーニングするために、生徒の視点に立つという心構えを忘れる。つまり、文法でも単語でも無意識の閾に沈み込んでしまう。

②自身が中学2年、高校1~3年で暗記したその学年相当の英単語が留学体験の年月のなかで同レベルとなり、帰国して、その英単語のレベルもお構いなしに、「どうしてこんな単語がわからないの?」と上から目線になりがちになる。

③留学経験、もしくは帰国子女的幼児英語体験が、本来、12歳から英語を学ぶ生徒との間にラーニングディバイドを生じさせている。

こうした見地から考えてみると、留学したり、帰国子女的に幼児から英語を究めるというプロセスを通じて英語を身につけた者は、ある意味で無意識に英語が思考回路を通過するため、ネイティブのように英語を操れる脳の閾に達しています。このタイプの英語教師を、私はあえて英語〝如来〟教師と呼びます。

それに対して、12歳から英語を始め、そこそこ英語が好き、英語に縁があり、しかし留学経験もないまま英語教師をしていても生徒の評判がすこぶる良い者を、英語〝菩薩〟教師と呼びます。もちろん如来とは、悟りを得た釈迦そのものです。

一方、菩薩とは、悟りを得る修行段階の仏で、衆生を救うとされる存在です。えてして予備校講師で人気を博するのが、後者の〝菩薩〟教師です。

文科省のお門違いの方針は、英語教師にこの〝如来〟教師になれと求める理想主義にあるといえます。ゆとり教育も、本来はそうした優秀な教師がいるという前提で行ったものでした。

昔、ある私立超進学校の校長が某週刊誌でインタヴューに応えていたことが忘れられません。「本K学園でも、本当に優秀な英語教師は、10人のうち、せいぜい2、3人程度です」と。蟻の集団でも働き蟻は2割、6割が標準、2割が怠け蟻といった自然科学上の真理は学校教師の部族にもあてはまるということです。

文科省の〝読み・書き・話し・聞く〟といった、4拍子そろった英語教育など、中学高校の段階では到底無理な注文というものです。まず、〝菩薩〟教師と、動機が消極的な、受験という手段が第一目的の生徒のマッチング、それも集団40名の中で使える英語など、幻想もいいところでしょう。

長嶋が一流の天才とすれば、王は一流の秀才（天才）です。野村は、一流のがり勉といったら失礼かもしれませんが、やはり才能の点では、一・五流の選手でしょう。だからこそ、野村のほうが断然、監督として指導者としては勝っていました。

野球の理論家として、方法論の確立者として、野球のジャンルを突き抜けた野球哲学に精通した教育者として、彼ほど著作が多い球界人はいません。いやスポーツ選手、アスリートは皆無といってもいいくらいです。二流が一流に勝つ極意、二流高から東大合格する、ある意味、真の『ドラゴン桜』的な道標を感じずにはいられないのです。

事実、彼は、野球〝菩薩〟、いわゆる、プレーイングマネージャーをやった人です。そう、よく英語界に散見される、留学経験ゼロにして英語の達人になった人に似ていなくもありません。一・五流の才能の人が、努力とはあえていわず、方法論と戦術・戦略でもって、超一流に上り詰めたのです。

西武の黄金時代を築いた森監督は、現役時代は一・五流の選手でしたが、監督としては超一流でした。阪急の黄金時代を築いた上田監督に至っては、現役時代は三流の選手ともいえたでしょう。しかし関大法学部を首席で卒業したという頭脳明晰なる人間が野球指導者として開花したのです。

森監督にしても、巨人のV9時代の名捕手として、長嶋・王といった天才を前に、川上哲治監督を後ろに、野球とはどういうものか、野球理論を相当深化させたに違いありません。野村自身もあのV9時代を自身の理想としています。森ノート、野村ノートはあまりに有名です。

やはり裏方的野手、即ち捕手は、ホームベースからグラウンド全体を見渡せる大局観を、バッターボックスで打者の心理学を、それぞれ会得したともいえるでしょう。ここでさらに付け加えれば、カープ、ライオンズ、そして、ホークスの3球団を優勝させ、また黄金時代へと導いた根本陸夫氏などは、選手三流、監督二流、GM超一流といわれた人物でした。

そうです。英語の教師は、自身がそれほどできなくても、英語〝菩薩〟のように生徒と一緒にスキルアップする修行を怠ってはいけませんが、教えるということ、それを優先事項にすべきです。英語の授業を英語でしなさいといった文科省の愚政策も、お役人の現場無知、エリート感覚による上から目線、理想主義（すべての教師ができるだろうという無責任な視点）で、現場ではほとんど実行されてはいないとのことです。

本来、高校の授業で、仮定法なり比較なりの項目を英語でもし行ったとしても、つまり教師ですら難儀する文法用語やら、具体例文やらを仕込んで授業に臨み、それを生徒に英語で説明したとしても、生徒のほとんどは聞き取れず、いや、聞き取れはしても内容がちんぷんかんぷんの授業になるという現実が、文科省の役人には想像できないのでしょうか？

そのお役人の理想主義を自民党の政治家がそのまま受け売りして、教育改革うんぬんを喧伝するとは、教育的ポピュリズム以外の何ものでもありません。ノーベル化学賞を受賞した白川英樹氏は「どうして日本はこれほど、アジアで多くのノーベル賞を受賞しているのですか？」と質問されて、「教科書はすべての科目において母国語である日本語で書かれていることが原因でしょう」と応じています。これを、英語教育に当てはめてみるといい。語学の12歳以降は、日本語を使わざるをえないのが実情です。

英語の〝如来〟教師でも、一休宗純の生きざまを忘れないでいただきたい。また親鸞聖人の〝非僧非俗〟の謙虚なるモットーを自覚していただきたい。それは、留学経験豊富の英語教師、また帰国子女タイプの英語教師でも、今、英語と格闘して苦悩している生徒の心境、弱点を把握する意識を忘れてはいけないということです。

すなわちそれは、一休宗純の、悟りと俗世の行き来の境地を忘れぬということでもあり、親鸞聖人の「我は、僧（＝無意識に英語を使える域）でもないし、俗（＝意識して英語を使えない）レベルでもない」といった〝非僧非俗〟のものです。

自身が英語ぺらぺらの悟りの境地に至ればいたるほど、一種、貧困から抜け出した金持ちが当時の心境を忘れてしまうように、俗世のもがき苦しむ英語学習者に思いが至らぬようになってはいないのです。いつも彼らの心境に立ち返ることができるように精進することです。私なんぞは、〝如来〟になぞ到底なれない自覚からか、せめて英語の〝菩薩〟教師でありたいと思いながら生徒に接しています。

大学の過去問や英字新聞なりを読むときは、これは生徒の教材として適しているか、また、高校3年生で読み込める英文か破格の英文かを常に考えているせいか、読むスピードがまことに遅い遅読家です。しかし、どんな大学の過去問でも、学校文法の範囲内で、また英文法を超え、英語学・言語学まで援用して、わかりやすく理詰めで説明できる能力は誇れるつもりです。

極論すぎるかもしれませんが、受験英語のカリスマ講師、伊藤和夫に通訳や英会話を求めても〝木に縁《よ》りて魚を求む〟ようなものです。しかし彼は生涯を通して、生徒がどうすれば英文を的確に読み込めるか、その探求に身を捧げました。その姿は、文科省の連中には想像すらできない〝修行〟だったでしょう。

留学した、帰国子女的上から目線の英語の達人よりも、生徒の目線を失わず、常に自分は駄目なんだという自覚を抱き続けて生徒に向き合う講師こそ、〝悪人正機説〟の教師像であり、〝菩薩の教師〟なのです。

その意味で、伊藤和夫は、日本人（受験生）にもっとも愛されている〝観音菩薩〟であり、〝一休宗純〟でもあり、〝親鸞聖人〟でもありました。彼の『歎異抄』こそ、『英文解釈教室』でもあり、『予備校の英語』でもあったのです。

伊藤和夫と予備校英語

〈受験英語〉にマイナスイメージがまとわりつく原因は、大学合格とともに低下する学生のやる気、アカデミック英語や実用英語への接触、またジャンクションの欠落などにあるといわれています。それ以上に、高校時代の理解を経ない闇雲の暗記主義が大きいともいえるでしょう。言い換えると、高校時代の英文読解力のストックが大学入学後に枯れてしまうのです。

しかし、こうした〈受験英語〉をプラスイメージでとらえたものが、〈予備校英語〉なる存在です。この〈予備校英語〉によって、その後、使える英語へと飛躍させた者がどれほどいるでしょう。

今もっとも注目のカリスマ英語講師関正生氏もそうです。『ダ・ヴィンチ・コード』の名翻訳家でもある越前敏弥氏もしかり。その予備校講師らに影響を受けてどれほどの英語教師が生まれたことでしょうか。また、予備校系参考書に触発されて、どれだけ多くの老舗学習系出版社が、生徒目線の納得・理解を前提条件とする参考書の編纂に踏み出したことか。こうした〈予備校英語〉のプラスの側面を考察したとき、否が応でも、駿台予備校の中興の祖、伊藤和夫を避けては通れません。駿台予備校における八代将軍徳川吉宗のごとき存在です。

これからの英語教育は、この伊藤和夫の真の評価なくしては、先には進めません。彼を総括することは、ここ数十年の〈受験英語〉を総括することでもあり、〈受験英語〉と〈予備校英語〉とを峻別するということにもなるからです。

彼に対する批判は、関西系駿台予備校のカリスマ講師表三郎氏による、構文主義という言い回しや、東進ハイスクールの今井宏氏による構文授業批判にも現れているように、現在、伊藤和夫の立ち位置は旗色が悪いようです。

翻訳家柴田耕太郎氏は、『英文解釈教室』の例文の誤訳・悪訳批判をしていますし、酒井邦秀氏は、著書『どうして英語が使えない?』の中で、『基本英文700選』の筆者でもある伊藤和夫批判をするなど、受験生があずかり知らぬ世界での評価が芳しくありません。

ちょうど、ニューアカデミズムの巨頭蓮見重彦が、小林秀雄の批評を一部批判したり、篠沢秀夫が、小林の『地獄の季節』(A・ランボー)の翻訳にケチをつけたのと似ている側面があります。おもしろいことに、伊藤は英会話、小林も仏会話などめっぽう苦手だったことでしょう。戦前の秀才の限界の側面を垣間見る思いです。

しかし、小林秀雄が近代批評を一ジャンルとして確立した文学者とするならば、伊藤和夫は、〈受験英語〉を〈予備校英語〉へと脱構築せしめた第一人者です。この伊藤の表面的英語イデオロギーを、駿台内の一部の講師や他の予備校講師が構文主義と名付け、一種便利で、ある程度は有効な教育手法であったがために、普及して市民権を得たのが、〝構文〟という英語教育用語です。

ここまで私が、小林と伊藤を類似的に語る理由は、次のような個人的経験があるからです。現役時代、そして宅浪時代、独学で受験英語と格闘していた頃です。伊藤の『英文解釈教室』と必死に向き合いましたが、その半分も理解できませんでした。独学の限界を知った私は、次の年、駿台予備校へ通うこととあいなりました。

駿台の大教室の後方から、マイク片手に、テキストをシニカルに、冷静論理的に分析して解説するそのモノトーンな声の生の講義を聴き、初めてその『英文解釈教室』の通奏低音なるものを聞き分けた気がしました。それは構文という次元のものではなく、〝英語はこうして読み込むものであるという秘儀〟のようなものでした。それを機に、ひたすらその参考書を穴が開くぐらい読み込みました。

駿台のほかの素晴らしい講師の授業で得た〝英文を観る〟目線を援用しながら、この『英文解釈教室』の3割くらいの箇所、いわば、後年伊藤が自己批判した箇所ともいえますが、「僕だったらこう説明するけどな！」「この箇所は、僕みたいな凡庸なる受験生ではわかりにくいよな！」などと呟きながら批評・批判できる知的領域にまで、自慢ではありませんが読み込んだ思い出があります。

この3割ほどを微調整しながら、標準的な頭脳でも、秀才の英文読解の黒帯に到達できる登山ルートで、今の私は自身の塾で生徒たちを高き嶺に導いています。ちなみにこの『英文解釈教室』と同レベルで挑んだ参考書が、のちに仏文科の大学院に入るためにひたすら読み込んだ『翻訳仏文法』という鷲見洋一の名著です。

高校浪人時代を含め、小林秀雄の新潮文庫版の評論すべてと文春文庫の『考えるヒント』シリーズすべてを読み終えてはいても、今ひとつ、理解が半分、「なんか、そうなのかな、しかし何か漠たる心引かれるものがある…」程度の、小林の思想の後ろ姿くらいしか見えない、一種もやもや観、名状しがたい気持ちをもちながら仏文科へ進んだ頃のことです。

新潮社からカセットテープ版〈小林秀雄講演〉が出されましたが名講演でした。落語家の古今亭志ん生を彷彿とさせる江戸っ子風、べらんめえ調で哲学や思想や人生を語ったものです。せんべい布団の中で、擦り切れるほど何度も聴きながら眠りに落ちたものです。

その時点で、読みそびれていた彼の文春文庫の対談集をじっくり読み込んだところ、小林が評論で目指していたベクトルなるものをはっきり捉えられた気がしました。確信へと転換した瞬間、段階でした。それから再度小林秀雄の評論を読み返してみたところ、彼の批評精神というもの、彼の物事を斬る思考の〝刀〟さばき、彼の物事を観る精髄というものを了解した思いがしたものです。

伊藤の生の授業、小林の講演の肉声、これがあって初めて、凡人なる私は、英語読解の何たるか、近代批評の何たるか、その核心、理念の麓にまで推参した思いをしました。ある意味、自分を変えたといっていいかもしれません。自分が変わったと自覚した瞬間でもあります。

その書と声、その関係性は、遥か昔の平安初期、最澄が、密教の秘伝の書を空海に拝借を申し出たとき、空海は、「密教は、書物などで会得できない、我の下で実践（修行）なされよ」とたしなめ、貸さなかったという事実もむべなるかなと思ったものです。意地悪いとされる空海の真意を理解できたような気がしました。

私は、伊藤和夫の授業を浪人時代に受けましたが、発音など決していいとはいえませんでした。その当時、予備校の友人たちは、「（昭和）天皇陛下の英語だ」などと陰口を言っていたのが印象的です。しかし発音は、読解の何たるか、構文をどうとらえるか、その秘儀を得ようと皆が大教室で必死であったこともあり、そうした側面（発音）には実に鷹揚で、浪人生たちは気にもしていなかったようです。ある意味、古文・漢文に近い、のどかでしたが熱い講義風景でした。

伊藤の青春時代は、太平洋戦争へ突入してゆく真っ只中で、英語の授業は皆無であり、旧制高校受験の際も英語は課されませんでした、英語空白世代だったこともあり、彼曰く、「私の18歳頃の英語力は、今（昭和末〜平成）の中学3年にも至っていなかったことだろう」と述懐しています。

この点こそ伊藤和夫の原点、そして世に活躍されている予備校講師のルーツというものが窺い知れる側面でもあります。まともな英語教育を受けず、学校などで従来の英語教育にも恵まれてこなかった、いわば英語学習で挫折・苦労してきた経験をもつ種族の原点こそ、伊藤和夫の〈受験英語〉です。この点が、私が〈予備校英語〉を〝宿命の英語〟と命名した所以のひとつでもあるのです。

このような経歴こそが、あらゆるジャンルにわたって、素人が玄人に化け、凡人が傑人へ豹変する奥義といったものを感じずにはいられないのです。

一外交官から名宰相にまでなった吉田茂を挙げるまでもなく、伊藤和夫も、駿台予備校においてて、ある意味〝吉田茂〟の働きをしたともいえるでしょう。ちなみに、東洋大文学部長も務めた奥井潔が、駿台の〝鳩山一郎〟のごときであったかもしれません。

この伊藤和夫と奇縁なるかな、教育熱心県こと長野県出身の日本のコンビニの父、鈴木敏文は、畑違いの東販からイトーヨーカ堂に転職し、ヨーカドーグループを日本流通業の雄に育て上げましたが、ある意味で、その功績など、全く同類のものを感じずにはいられません。とりわけセブン-イレブンという現在日本のコンビニエンスシステムのひな型を作り上げたという点、そのパラダイムシフトは、伊藤和夫が〈受験英語〉を〈予備校英語〉へと脱皮させた功績の面で通底するものが大いにあるのではないでしょうか。

セブン-イレブン（駿台予備校）の強さは、もちろんそのシステムによるものですが、それならローソン（中内功→ダイエー→三菱商事＝代ゼミ）やファミリーマート（堤清二→西友→伊藤忠商事＝河合塾）とどうしてあんなにも日販を通した売上額が桁外れに違う（東大合格者：一時期のである）のでしょう。それは、そのシステムの背後にある鈴木の発想なのです。

これを人は鈴木イズムと短絡的に命名して安心していますが、そうではありません。共産主義の背後にマルキシズムがあるとするならば、さらにもっと奥深いところに〝マルクスの生きた発想〟が連綿と流れている事実を見落としているのと同じことです。

それは伊藤和夫に構文主義というレッテルを張り、表層的に批判して安心している連中と同じです。伊藤が、十代の後半からほとんどゼロから暗中模索してきた、一種、仏道的受験英語道、すなわち「どうしたら知的な、難しい英語が読めるようになるのか」——その苦渋のプロセスの証が、『英文解釈教室』であり、それはある意味、『歎異抄』でもあり『正法眼蔵随聞記』でもありました。誤解を招きかねない難解の書でした。

だから、後世の英語教師・英語講師が批判もし、生徒には、挫折の書の代名詞ともなったのです。伊藤和夫本人でさえ、晩年自己批判した英語参考書となっている予備校英語の〝聖典〟です。

駿台予備校における構文主義とは、伊藤和夫の考えを〝神輿〟として、一種便利な教育手法として、駿台の一理念として、鉄の掟として、予備校拡大のツールとして利用されてきた嫌いもなくはありません。それは、昭和天皇を担ぎ上げ、太平洋戦争へ突入していかざるをえなかった当時の軍部のようでもあり、その天皇の立ち位置こそ、伊藤和夫の存在でした。

単語の、ある有機的働き、また独特の意味合いの連語を、熟語と近代受験英語界で命名したように、文単位で、ある統辞的な意味発生の法則性を一括りにした、一種〝公式〟のごとき型を構文と名付け、それは、あたかも漢文における句法のごとく、これさえ暗記すれば〈受験英語〉は突破できるという幻想を抱かせたマイナス面は確かにあったでしょう。

しかし、その構文主義で、あるレベルの大学には合格できたものの、その程度の英語力では、到底早慶上智以上東大京大の英語を真に読み込める域には達しえないのも事実でした。毀誉褒貶ある駿台の『基本英文７００選』を暗記して、駿台の『英文法頻出問題演習』をやりおおせて、青春出版社の『試験にでる英単語』『試験に出る英熟語』、これらを完璧にマスターしたとしても、共通一次時代の、二次試験の東大や京大の問題を、英語を武器に合格の域に到達することは、到底夢のまた夢でした。

80年代に、通信添削のZ会を地方の秀才はこぞってやっていました。東大生の55％がZ会経験者であるという触れ込みでZ会神話が出来上がり、今の出版物で繁盛極める現在の増進会なる受験産業の雄にまで成長したのです。

Z会で実力が伸びる者は、高校の授業で基礎やそこそこの応用力が身についている生徒、また、超進学校の秀才以上天才以下の地頭の連中でした。高校時代、英語と格闘していた、東進ハイスクールの安河内や今井などとは無縁の添削道場でもあったでしょう。普通の公立高校生が鉄緑会に入会したとしても、また、平岡塾に入塾したとしても、ついてはいけないのと同義です。

ここで伊藤の英語教育の理念が如実に表れている言葉を引用しましょう。別の章でも触れた箇所です。

伊藤和夫の名著『英文解釈教室』と双璧をなす、彼の英語観を語った晩年の著書に『予備校の英語』があります。英語教師にとっての必読の書です。その精髄、それを構文主義という呼称を吹き飛ばす〝伊藤イズム〟とあえて呼びますが、それをクールに語っている檄文のごとき箇所、序章の「底辺と頂点」の一部を抜粋します。

「そこでまずおすすめしたいのは、何でもいいから自分の実力で比較的容易に読める本を選んで、それを頭から読んで行くのです。という意味は、一々文法を考えたり、この関係代名詞は、どこにかかるというようなことを一切考慮しないことで、英語から直接内容を理解するように努めることです」（丸山眞男『勉学についての二、三の助言』）

この文章はすでに相当の学力を備えた旧制高校生を意識して書かれたもので、そのかぎり過去においては有益な助言であっただろう。（省略）ここで言われているのは、「頭がよければいつかは英語が読めるようになるだろう」ということにすぎない。

（『予備校の英語』伊藤和夫）

以上のように、丸山眞男の考えを、エリート主義の英語教育法として批判しています。「中学を終えて旧制の第一高等学校に入った時、……自分の英語がいやになり、言いようのないコンプレックスにとらえられた」という伊藤青年の蹉跌の轍に思いを巡らせれば、秀才丸山眞男の語学遍歴など、地方の下級武士のつたない和歌の作法から見た京の都の上流貴族の和歌の腕前、和歌の秘儀ほどの違いがあったことでしょう。いや、鎌倉の片田舎で藤原定家に教えを乞い、万葉調の見事な雄渾たる和歌の益荒男振りを確立した源実朝こそ伊藤和夫ともいえるでしょう。

この点こそ、英語教師の原風景と私は言いたいのです。こうした屈辱感は、英語教育のモノ言う評論家、山形県の片田舎から上智大学へと進学した渡部昇一と同類のものです。官僚から参議院議員になった平泉渉などは、エリートの英語教育を受けてきて、〈受験英語〉だの〈教養英語〉だの〈実用英語〉だのとは無縁な、劣等感などもたぬ〝貴族〟でした。

たしかに一部の最優秀な学生は、どんなに複雑な現象の中からも自分の力で意識的無意識的に法則を見出すことができる。しかし、大多数の学生は、一度読んでわからぬところがあっても、それに拘泥しないで、もう一度そのパラグラフのはじめから、少々テンポを落としてゆっくりと読み直す、それでもわからなければさらにゆっくり読み直したところでわからぬことは同じだし、「自分の実力で比較的容易に読める本」など、はじめからないから困っているのである。

英文の意味がわからない場合、形態からする分析（もちろん、それがすべてだと言うのではない）によって正しい理解に近づくことは可能だし、英語はその種の法則性を含んだ言語なのである。たくさんやっていればそのうちわかるようになると言う人は、その「たくさん」がどれだけ膨大な量なのか考えたことがあるのだろうか。可能な場合には法則から現象を理解させるのでなければ教えるというに値しない。そしてその法則こそ、日本語と英語の構造を対比しつつ、日米両国人の協力によって見出されるべきものなのである。

（同書）

ここでいうところの最優秀な学生は、丸山眞男や平泉渉のような俊才のことであり、ある意味、恵果の下で密教を授かった空海レベルの僧ともいえます。その文脈でいえば、最澄は天才とは言えませんでした。しかしその後、比叡山は鎌倉仏教の傑出した僧を生み出すことになるが、高野山からは偉大なる僧が輩出しなかったのは非常に興味深い。長嶋と野村の違いにも譬えられそうです。

思うに伊藤和夫の立ち位置というものをじっくり考えてみた者がどれだけいるでしょうか？　昭和2年生まれの旧制中学の秀才、しかし英語だけは、学習環境が恵まれていなかった戦時下のことです。そして、旧制一高（今の東大）に入学してから格段に違うアカデミズム英語や教養英語を中学レベルの英語力で読まざるをえぬ状況に追い込まれ、独学でどうすれば英語が読めるようになるのか、その荒野での格闘こそ伊藤和夫の原風景なのです。

その軌跡こそ、実は、灘や開成の秀才が、脳髄のブラックボックスで、高度な英文を読み込めるようになる暗黙知の領域でした。日比谷高校が日本一の東大合格者を輩出していた時代、東大に入る必要最小限の語彙を自己分析し、それを公開して超ロングにしてベストセラーともなった森一郎『試験にでる英単語』の英文読解バージョンとも呼んでいい参考書、それが『英文解釈教室』でした。

それはある意味、伊藤が学生時代、横浜の予備校講師時代、そして駿台の初期、こうした英語格闘時代の履歴書でもあり、知的難解な英文との歴戦記でもありました。宮本武蔵の『五輪書』に譬えてもいいものです。そこに構文主義の烙印を押して、安心している学校の英語教師や予備校の英語講師は、ある将棋の名人の手法を定石と名付けて、それに拘泥している四段そこそこの将棋指しにすぎません。

伊藤の言わんとするその英文と対峙する姿勢は、融通無碍、臨機応変に裏打ちされたその場で最善手を希求する読解に必要な理性・知性をフル活用する精神の働きにありました。

プロ野球で三冠王を3度も取った落合博満の言葉を挙げましょう。

「本番で身体が無意識に動くように、意識的に練習をする」

ここに、伊藤和夫が、どうしたら高度な英文を読めるようになるのか、その英語道に通じる同じ心的態度がうかがえます。その修練の場、練習グラウンド、それが『英文解釈教室』です。

もちろん、打撃の最大公約数的基本、すなわち、基本的構文というものを踏まえれば、標準的な投手は打ち込めます。しかし江夏や村山、そして稲尾や山田といった名投手の直球や変化球は、打撃コーチに学ぶ領域ではもはやなく、自身が会得する領域なのです。

サッカーのイビチャ・オシム監督の名言に「考えて走れ」というものがあります。その真意は、無鉄砲に闇雲に野獣のように走れというのではなく、それと同レベルで、なおかつもっと状況を把握しながらホモサピエンスたる存在として知的に走れという謂いでしょう。

これと似たようなことを中田英寿も語っています。「サッカーとは因数分解である」という禅宗の公案のごとき名言です。敵の選手の全体的な動きと味方の選手の阿吽《あうん》の呼吸に基づいた連携のプレーやパスの極意を、ミッドフィルダーならではの一言で言い当てています。オシムは数学の教員の資格を有するインテリであり、中田も高校時代、文武両道の秀才でした。運動がスポーツに肉体的積分されたとき、知性が精神的に緻密に微分される真理を述べたものです。野球界では、ＩＤ野球を端緒とする頭でする野球の開拓者野村克也氏と同次元のものです。

この境地は、宮本武蔵の一乗寺下り松における吉岡一門との決闘で到達した観見一体の境地にも似ています。まさしく、伊藤和夫の真の構文への心構えと一致します。全体の中で、その一文がどういう意味をもつのか、その一文が全体へどう影響を及ぼしているのか、マクロのパラグラフリーディングの目線とミクロの構文を解析する視線、実はこの融合が、伊藤和夫の希求した読みの極意というものでした。

将棋の名人戦や竜王戦という真剣勝負では、著書にある定石では通じない領域、これを切り開く読解の秘儀こそ『英文解釈教室』にあるともいえます。しかしその後、その著書への批判を彼は謙虚に受け入れました。

また、受験界での伊藤の畏友でもあった山口俊治による『英文法講義の実況中継』シリーズに鼓舞されたこともあるでしょう。「もっと明快でわかりやすい」をモットーにした『ビジュアル英文解釈』シリーズなど名著を出すまでになりますが、時代は、ＳＦＣの英語に象徴されるように、アカデミックな内容、専門性を求められる英文、さらに従来にはなかった超長文というものが出題されはじめ、伊藤のコンセプト、所謂、意識的に難しい英文を読む鍛錬が軽視される風潮により、わかる者しかわからぬマニアックな高度な参考書として、書店の書棚の片隅へと追いやられてゆく状況に置かれました。

伊藤の英文読解の向上のプロセスを如実に表した言葉と、小林秀雄の名言の共通点を指摘すれば、従来の伊藤和夫の英文読解へ偏見が薄れ、受験英語（※構文主義とほぼ同義）を脱構築した彼の〈予備校英語〉の理念といったものが垣間見えてくるでしょう。

「ゆっくり読んでわかる文章を、練習によって速く読めるようにすることはできるが、ゆっくり読んでわからない文章を速く読んだらわかるということはありえない」（同書）

「広く浅く読書して得られないものが、深く狭い読書から得られる」

（『人生の鍛錬──小林秀雄の言葉──』）

これを克服してこそ、英文上段者の域に入れます。その心構え、そして鍛錬の場こそ『英文解釈教室』でもあります。二流ピッチャーのカーブやフォークを5割以上ヒットできても、江夏のカーブや村山のフォークを打ち崩すことができないのは、センターの英語では8割以上得点できても、京大や東大の二次の英語だと、5割前後しかゲットできない一・五流のバッターしかり、そのような受験生の飛躍のためのトラの穴的参考書なのです。

女子マラソンの浅井えり子を育て上げてガンで亡くなった名監督佐々木功の「ゆっくり走れば速くなる」というパラドクシカルな助言が理解できない人は、伊藤の英文読解の精読も理念も小林の箴言も心には響かない文科省の官僚と同じ種族の連中でしょう。

筆者は先に「読み、書き、話し、聞くの3技能の均衡的発達」という名のもとで機能語と語法、英語の論理についての訓練が軽視される傾向についてふれた。文構造とともに文の内容自体が急速に複雑になる段階、機能語の働きを手がかりとして文章を考えようとしなければ先へ進めぬ高校の段階で、学生が次々に脱落してゆくのはこのためである。ドイツ語における名詞の活用やフランス語における動詞の変化をいいかげんにしたままでも、ある程度の意思の疎通は可能である。しかし、基礎が十分築かれていなければ必ず行きづまりがくる。底辺の広さがその上に盛りうる土の量、つまり頂点の高さを決定する。しかも一度底辺が作られてしまってから、つまり中学から高校の初年度を終えたあとで、もう一度基礎からやり直し、底辺を拡充しようとしても、それは現実には不可能に近い。

(『予備校の英語』)

この伊藤の鋭い指摘は、阿川弘之の「高校時代は、小さな完成品を作るよりも、大きな未完成品を作る時代だ」という名言を彷彿とさせます。この言葉は、ある意味、人生の英語力はおおかた高校時代の英語を学ぶ姿勢で決まるといっても間違いではないと思います。

「三匹の子豚」の、長男の〝英会話ごっこのような〟藁の家、次男の〝表面的な使える英語のような〟木の家、オオカミという突然の切迫した状況に襲われたら、すぐ崩壊してしまうような英語に過ぎない技能だということを隠蔽したまま文科省や一部の英語ジャーナリズムや商業メディアが喧伝しているその姿は、理性と知性を身につけている者には、真珠湾攻撃を命じた東条英機のような存在に映るはずです。

三男のレンガの家こそが、真の〈実用英語〉であり、それは知的英語、もしくは教養英語に裏打ちされているものです。教育は急がば回れの領域であり、建築と同義なのです。

この愚策は、大学の運営や大学の授業へも向けられ、池上彰氏などは、現今の短期的な、即、結果主義のアカデミズム政策として批判しています。あと十年もすれば、日本からノーベル賞受賞者が全く出なくなると。

ノーベル賞受賞者の大隅教授も警鐘をならし、自らの資金をもとに研究財団を設立しました。英語教育も同様です。慶應大学中興の祖であり、今上天皇（平成天皇）の結婚前の皇太子時代の養育係だった小泉信三氏の名言を引いておきます。

「すぐに役に立つものは、すぐに役に立たなくなる」

伊藤和夫の功績と意義

二十世紀に最も成功したミュージシャンを挙げるとすれば、ビートルズに異議を挟む者はいないでしょう。アニメーションのひな型をつくった人物はディズニー、これも同様です。日本球界の現在の基盤を作り上げたヒーローといえば、長嶋茂雄であり、日本の漫画文化の父といえば、手塚治虫の右に出るものはおそらくいません。

戦後数十年、政治学のカリスマといえば丸山眞男であり、経済史学の泰斗といえば大塚久雄と、私が十代の頃、岩波新書などを通じて教えられたものです。

では、予備校講師の中でいちばん成功した人物、影響力のあった者はいったい誰でしょうか? 答えは、駿台、河合、代ゼミなりで講義を受けた生徒にもよりけりですが、その業績、著作の質と量、また、予備校そのものをブランディングしたという点で、伊藤和夫に並ぶものはいないと断言できます。

伊藤和夫とは、駿台英語確立の中興の祖的存在でもあります。予備校が、日陰者的存在から社会的認知を得るまでになり、浪人生の数も右肩上がりとなる趨勢のなか、マンモス化していった波にマッチするかのように、カリスマ性を増していった講師です。その彼に関しては、別の章で詳細に論じてみたいと思いますが、彼の著書『予備校の英語』の中に書かれた次の言葉は、私の心を放しませんでした。

「医者は患者によって、作られる。教師もまた、生徒によってつくられる」

ＮＨＫの『プロフェッショナル』という番組では、医師が頻繁に取り上げられていますが、その医師の人生で共通することは、〝ある時期に、ある患者と出会ったり、手術をしたりして〟一皮むけた、あるいは成長できた、つまり革命的に医師としての〝格〟や〝技術〟なりが向上したという点です。

文科省の英語教師の理想像なるものは、教師になった時点でもう完成している教師です。その完成者なりを生徒に当てがいさえすれば、生徒の実力も伸びるといった近視眼的考え方です。世には、帰国子女ほど発音は正確でない教師、アメリカ人助手講師（ＡＬＴ）と流暢に英会話できない教師、また、海外留学経験者の教師ほど英文を速く読めない教師もいるでしょう。

しかし、彼ら以上に緻密に英文を深く読み込め、またその英文を解析し、理路整然と、生徒に、まるで数学のあざやかな解法で頭をスッキリさせるがごとくに授業のできる教師もいるはずです。その典型が伊藤和夫なのです。

渡部昇一氏の見解ではありませんが、鎖国の江戸時代、長崎で中国人と丁々発止、チャイニーズカンバセーションを行っていた人間は、中国人との混血の長崎通詞といった輩であり、また、代々長崎通詞（中国語担当）の家系に生まれた職業人です。儒学者、徂徠や仁斎、宣長といった学者は、中国人以上に、論語、易経など中国の古典を深読みできていたということです。そうした事例と、帰国子女と伊藤和夫との関係をパラレルに考えたくもなります。

おそらく日本の学校英語が、受験英語といった文脈で、その意義なり功績が最も評価される時期というのは、１９７８年の共通一次試験の開始から２０２０年のセンター試験終了までの40年強の間で、後に「予備校英語の花開いた期間」と呼ばれるような気がしてなりません。

大学というアカデミズムの中で、英文科なり英語学科なりで講師や教授を務めておられる方は、一般的に英語のエリート、また、英語の勝ち組のはずです。そうした方々は、浪人経験、また、予備校のお世話なりを受けてはいない人が比較的多いはずです。予備校で講師をする大学講師や非常勤講師は、助教授や教授になるためのお小遣い稼ぎ、食い扶持を得、糊口をしのぐ手段としてやっていたのが、ちょうど、共通一次試験以前の昭和40~50年代にかけての、権威のある大学教授が表紙を飾っていた受験参考書の時代とほぼ一致します。

昭和50年代後半からは、旺文社や学研など受験参考書の老舗の外は、予備校が自らの出版社を立ち上げ、自らの講師に執筆させてそのシナジー効果を狙い、それが百発百中当たりだした時代でした。つまり、英語の失敗者（浪人生など）という標本を参考資料程度に、生徒目線の参考書が綺羅星のごとく書店の棚を占領し始めた頃でもありました。

その最右翼が、まさに伊藤和夫です。英語で浪人時代に苦労した人物は、その後、大学を卒業しても、アカデミズムの世界に背を向け、母校の予備校講師として大成する人物が、受験英語、すなわち予備校英語というものを陽の当たる場所へ引き出し、予備校のステイタスをらせん状に上昇させてきた功績は否定できません。

こうした予備校英語の発展とはかかわりなく、アカデミズムの英語、そして、英検やら、TOEICといった実用英語との乖離の中、まるで貴族と武士が混ざり合わない平安末期から鎌倉時代にかけてのように、予備校英語（武士）だけが急成長した事実を文科省の役人たちは認識していませんでした。学校英語、つまり、中学や高校の公の授業の場で行われる英語の授業が、実質やせ細っていった事実を把握もせず、塾・予備校を上から目線で批判するだけだったのです。

また、学校教育を陰で下支えしてきた日本独自の寺子屋の系譜にあたる塾、予備校の功績というものに、一切目もくれず、学校のみの教育で、生徒が英語や数学を伸ばしてきた功績を誇らしげに語る文科省は、そうした陰の存在に一切触れようともしませんでした。

学校という昼間の英語教育だけであったら、どれほど、もっと英語ができない国になっていたでしょう。世を支えている社会人の英語の実力はもっと低下していたことでしょう。そうした**仮定法過去完了**的意味合いも想像もできない輩が国の英語教育を管轄し、支配しているのです。あえて彼らに、次の言葉をぶつけることにします。

どれだけ文科省の言いなりにならずに生徒に学習を指導するのか
どれだけ政府に逆らうようなカリキュラムで生徒に教えるのか
どれだけ教科書から逸脱して生徒に学ばせるのか
——これらこそが、まっとうな教育指導ではないでしょうか私個人の経験則ですが、6~7割、少なくとも、英数国の3教科は、失礼ながら中学や高校の教師よりも、塾や予備校の講師の方々からの教えられ方、その内容が今でも私の脳裏に残っているし、その経験則をもとに現在も生徒に接し、指導をしているのです。

非僧非俗なる伊藤和夫の原風景

非僧非俗という言葉があります。親鸞聖人に対するものです。比叡山でいくら修行しようとも、また、優秀な師、法然上人のもとでいくら修行をしても、自身が理想的仏の境地に至らず苦悶しながら修行する自身の境地を言いあてたものです。ある意味、法然が如来だとすれば、親鸞が菩薩とも譬えられる謂いです。

この非僧非俗なる概念は、実は、英語における予備校講師にも該当するのではないかと、私は常々感じてきました。それに対して、英語を無意識に自在に使えるネイティブもしくは準ネイティブ、さらには一部の大学における留学経験もある教授は、ある意味では、如来あるいは、法然レベルの高僧といってもいいのではないかと思います。それをひとまず〝僧〟と規定しましょう。

それに対して〝俗〟とは何か？ それはまさしく、英語との格闘にもがき苦しんでいる庶民であるところの生徒のことです。仏教における僧を頼りにして、できれば、悟り＝英語を自在に使える境地にまで到達したいという願望の部族でもあります。それは、英語を意識して、自由に使えない学生ともいえるでしょう。

親鸞聖人とは、この両方にも与できない非僧非俗の存在ということで、非常に立ち位置が模糊として、一種、大衆社会からは、疎外されてもいる存在です。この自身の立ち位置を強烈に意識して、受験英語をどうにかしなければならない、英語に苦悩する生徒を救ってあげたい、また、英語を真に読み込める実力をつけてあげたいという動機から予備校英語という地平を切り開いた人、それが伊藤和夫です。

予備校の英語のみならず、他の科目においてもいえることですが、その日陰者の原風景を一人で生き、見つめてきた講師、それが伊藤和夫といってもいいでしょう。

そもそも予備校という存在が、１９７０年代前半までは日陰者の存在であったことは周知の事実です。しかしその予備校講師の中でも、とりわけ保守本流とも呼べるのが、学者の卵、すなわちポスト待ちの優秀な大学非常勤講師もしくは、教授までの小遣い稼ぎ程度に居座っていた大学講師の、一種、アカデミズムの流れを汲む者たちでした。

東洋大学文学部長も務められ、伊藤和夫を駿台へ推薦した奥井潔や、角川春樹から頼まれ『ある愛の詩』を翻訳し、明治学院大の教授も務められた筒井正明のような人物、また逆に、東大全共闘議長もやり、学生運動がもとで東大を去ることになった伝説の物理講師山本義隆なる巨人までいた時代のことです。

旧制一高に英語入試なしの時代に入学し、東大の哲学科でスピノザの『エチカ』（※実はこの思想家に伊藤和夫の源泉があると私は推測しています）を卒論とした遅咲きの英語求道者、伊藤和夫が、その後横浜日の出町にある山手英学院という地味な予備校で、自身の英語教師という生業をスタートさせたことは、非常に興味深いのです。伊藤はその後、1966年に駿台予備へ移籍します。

しかしここで注目したいのは、焼野原の1945年に東大に入学しながらも、卒業は戦後の1953年ということです。このうちの4年は、病気療養のため大学を休学していたのです。このキャンパスから遠く離れ、病室もしくは自宅の部屋で、4年もの余分な長い年月、おそらく肉体的にはしんどいなか、精神は静謐の中、英語の修練と哲学書の読書に日々を送っていたことが、伊藤和夫の原型を作りあげたのでしょう。

電車に乗り遅れ、一人、次の電車で修学旅行地へと向かう少年の孤愁感といったものが想像されます。この心境は、私も両親の離婚により高校を中退し、石巻の片田舎で中学浪人生活を独学でした経験、そして大学受験に失敗し、宅浪も経験していることからよくわかりま

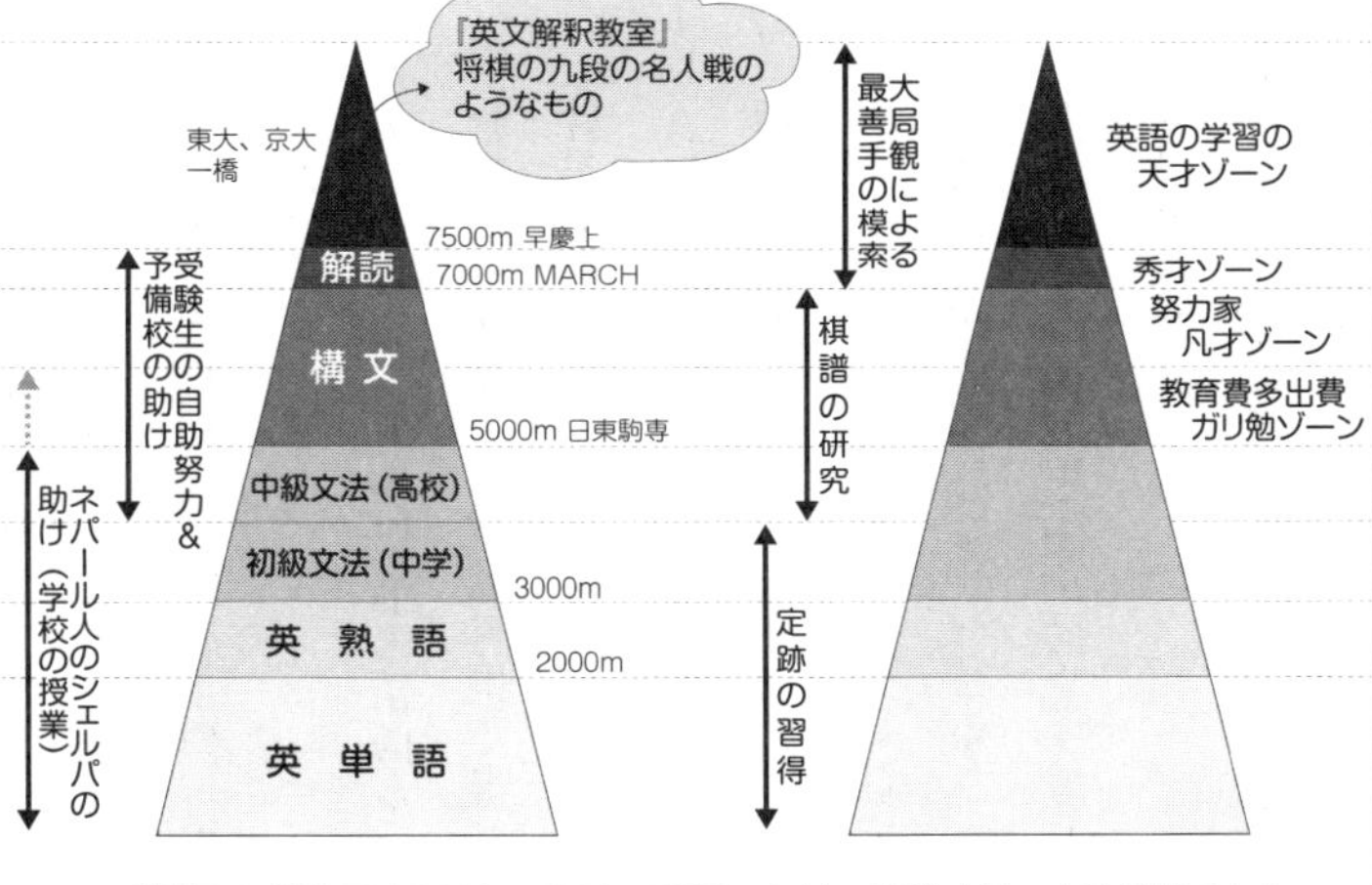

※英単語や英熟語は3000、5000、7000m以上で精進することは当然である。

す。学びにおける挫折感、受験における疎外感、一人で書物・参考書と向き合う日々の心境が、英語や数学という科目の周辺に必要な、学びにおける〈二人の自我〉というものを形成したのだと思います。

当時、1960年末から70年初期にかけて、日陰者の存在、駿台予備校の中でも傍流ともいえる伊藤和夫の立ち位置、それが、自身をさらなる〝生徒に近き講師〟へと成長させたのでしょう。

当時から、奥井潔に象徴される教養英語を教える講師がいる一方、生徒の受けを狙った受験テクニック英語を教える講師がいて、伊藤はこの狭間で、おそらく自身の受験英語の読みの秘儀を生み出したものと思われます。

受験英語とは、単語・熟語、そして文法を学び、構文というもののパターンを認識すれば、そこそこの大学に合格できたという次元の域を出ないものです。**前頁の図**を参照されれば一目瞭然ですが、それだけでは高き嶺、すなわちヒマラヤ級の山には登頂できない真実がおわかりいただけるでしょう。

この7000メートル以上の領域を踏破する手法を開示したものが、『英文解釈教室』です。伊藤のいう構文とは、詰将棋で得られる定跡のマスターではありません。実戦でのみ身につく最善手を希求する精神の働きのことを指すそれは、比較構文における鯨の公式やSO~THAT構文のごときものでもなく、駿台予備校のマニュアルである構文主義でもありません。超進学校の秀才が、無意識に英文を読み込めているその脳髄のプロセスともいっていいでしょう。いわば英文解読の大局観のようなものです。

マルクスの思想の核心を、マルキシズムとして、また共産主義として便利なイデオロギー化した潮流と、伊藤の思想を構文主義として十把一絡げにしている凡庸なる受験界の風潮とは同義のものです。

伊藤の『英文解釈教室』は、今なお生きています。その後の予備校講師に遺伝子が継承されているのは、カリスマ英語講師関正生を挙げるまでもなく、『資本論』をトマ・ピケティが『21世紀の資本』として現代風にアレンジし祖述したものとしてとらえるのと同次元のものです。柄谷行人の『マルクスその可能性の中心』や佐藤優の『いま生きる「資本論」』という形(書物)で、マルクスの精髄が読み直され、脱構築されてきているように、伊藤の理念というものは、現在の英語教師の内面で脈々と生きています。

飛躍また誤解を覚悟であえて言います。伊藤和夫がやろうとしたこと、目指そうとしたことは、穏やかな〝マルクスのパラダイム〟と似たものでした。この仮説は、彼の『予備校英語』をつまびらかに読み解けばはっきりすることです。しかしこれまで、大学教授はもちろんのこと、受験英語ジャーナリストすら伊藤和夫論なるものをしたためてはきませんでした。またその教え子すら、彼の業績を批判こそすれ、まともに総括してきた者は皆無でした。

資本家(英語)と労働者(日本語)が両者を否定しあう階級闘争の関係を解消し、幸福なる共存という状況があるとするならば、それは、ほかでもない、〝日本の言語的状況〟と言ってもいいでしょう。

英語リベラル派(話し・聞く中心へシフトすべき派:英語改革派:文科省:上智大系)と英語保守派(高校時代は読み・書き中心を維持すべき派:英語教養派:小学校英語否定派:慶應大系)の不毛なる論争は、平泉・渡部論争を例外として、プロレスとアマチュアレスリング、また、猪木・アリ戦のごとくにかみ合わずにきました。そもそもこうした議論には、スタートの論拠が欠落していたのです。

言語学習の教育史というものも、本来は、階級闘争の歴史です。ＩＱという資本を生来もった者（丸山眞男など）、幼児期から十代にかけて何らかの海外生活があった者（国谷裕子、道傳愛子、出水麻衣、吉田研作）、高校時代から大学にかけて留学経験のある者（安藤優子、鳥飼玖美子、竹内まりや）、親の遺産をある程度受け継いだプチブルジョア（超進学校もしくは高校英語教師に恵まれた者）、こうした、Ｐ・ブリュデューのいう文化資本を有する部族が、上から目線でどれだけ労働者階級の英語学習指導もしくは英語改革を行ってきたことか。どれだけ、自身の英語手法・英語経験を是としてきたか。富める者、貧なる者の心がわからぬではありませんが、生徒、学生、親御さんたち、また、社会人の英語学習者を欺いてきたことか。

そのしらじらしいドグマにも近い手法に異議申し立てをした人物、それが伊藤和夫です。彼は至って珍しい種族でした。ＩＱはおそらく丸山眞男並みにありましたが、英語だけは、東大入学時、現在の中3レベルでした。紀州の田舎（英語が初級レベル）から江戸の八代将軍に抜擢された吉宗のごときであったでしょう。庶民（12歳から英語をやる普通の中高生）の気持ちがわかる名公方となった存在が、伊藤和夫とも比況できる所以です。

違った言語体系の両否定ではなく、日本語という母国語の畑を深耕し、なおかつ英語という高き塔を建築する明治時代の知識人とまったく同じ苦悩を背負っていました。それが大学受験という場であったにすぎません。違った言語体系にどうやって多くの堅固な橋を渡すか、母語と外国語という人類永遠の命題を予備校という場でひたすら探求してきたのです。

駿台予備校という、大学教授もアルバイトがてらに働いている校内で、教養英語を無視せず、凡才の多い悩める浪人生に囲まれて求められる受験英語なるものにも関わりながら、ひたすら寡黙にそれらの弁証法的止揚としての予備校英語というジャンルを見出した人、それが伊藤和夫です。その手法があまりに中途半端な秀才たち（浪人して東大に合格するレベル）に熱狂して迎えられたものの、駿台予備校が構文主義という便利な〝経文〟として布教したことが、伊藤和夫の誤解の始まりでもありました。

遅れてきた者だけの悲しみが孕む憧憬にも似たルサンチマン、それが予備校英語講師の荒涼たる原風景です。その悲しみとは、あの中原中也の悲しみと分水嶺でつながってもいましょう。神童として旧制中学に入り、その後落第し、故郷落ちして、京都でひっそりと挫折者の悲しみを味わった光景、我が子文也を失った悲しみのどん底へと落ちていった情景、これらは、伊藤の東大生としての療養期間の年月とも相通じる孤独感、いや、孤愁感ともいえるでしょう。

名経営者から英語教育を通して伊藤和夫へ

英語教育における〝悪人正機説〟を援用した奇異なる曲解ともいえる私見を、これからジャンルを少々広げて語ってみます。

教師という職業は、30代、40代となるにつれ、自身の子供世代の生徒を相手にする都合上、その科目（英語でも国語でも）では、能力的には数段格上の指導者へと成長するのが必定です。このことは、その職種の人間には心得ておくべきものです。

昔の自身の目線（実力がなかった頃の目線）を忘れ、えてして上から目線ともなり、生徒と自身のメンタルや能力の格差による一方的な授業になる危険性を自覚しなければならないのです。

セブン-イレブンの創業者でもあり、日本の流通機構の革新者ともいえる鈴木敏文氏の言葉に、「成功体験を捨てよ、専門家になるな、常に素人の目線を失うな」というものがあります。

この言葉は、まさしく教師にも適用でき、その危うさを喝破したものだと思います。教師は、自己の成功体験に基づくごり押しの授業で、自分はこうして英語を伸ばしてきた、こうして弱点を克服してきたなどなど、自身の体験を金科玉条として生徒に強いる授業を展開しがちです。自身が〝如来〟となってしまっているケースといえるでしょう。

スティーブ・ジョブズの余りにも有名な言葉、スタンフォード大学で行ったスピーチの末尾の文言、「Stay Foolish. Stay Hungry」も、学生が社会人となり、エスタブリシュメントとなっても、愚かであれ＝生徒の学ぶ初心の心境でいなさい、飢えていろ＝現状に満足することなく常に精進しろ――という趣旨のメッセージだったのでしょう。これも一休宗純ではありませんが、悟りの境地と俗世の心境の往復（シャトルする精神）に拘泥していたことと通じ合うものがあります。そういえばジョブズも、晩年は禅（マインドフルネス）に魅了されていたようです。

ベンチャー企業の若手成功者が六本木ヒルズにオフィスを構え、フェラーリとクルーザーを購入した時点が落ち目、その企業の衰退の端緒となるジンクス、エピソードはあまりに有名です。留学して箔をつけてきて、学校で生徒に英語を教えている、また、大学教授から講師くらいのレベルで浪人生に英語を教えている英語教師がいますが、すこぶる評判がよくありません。生徒のメンタルをいつしか忘れる習慣の中に埋没している者が多いからですが、若手実業家が贅沢な環境に慣れ、いつしか社員やお客の目線を忘れるのと同じことでありましょう。

小林秀雄のエッセー「美を求める心」の一節に、彼が応接間で客人を迎え入れたときの一場面が描かれています。ある客人が、テーブルの上のライターに目が留まり、「これはダンヒルのライターですね」と言います。しかしその言葉だけで終わり、ライターをじっと見つめるわけではありません。小林に言わせれば、そのダンヒルのライターをじっと長く見つめていると、さまざまなものが見えてくるといいます。客人たちは、そのブランド名で安心し、そのライターの美点に気づきません。さらに小林は、ピカソの絵画の話から説き起こし、絵描きという存在が、また、絵画を見る心構えというものが、いかに子供の心を失っていないかにも言及しています。そしてその大切さをアピールしてこの小品を終わらせています。

親が、「健介、今回は85点だったのね、すごいわ！」と我が子に言います。担任の先生（※数学教師や国語教師だったとしましょう）が、「田中君、今回の模試の英語の偏差値が10も上がり65か、すごいぞ！」といった褒め言葉も、実は、その英語の表面上の〝ブランド〟に目が行き、その〝内実〟まで洞察できていないケースが多いものです。できない生徒を大学生のアルバイト学生とプロのヴェテラン講師が教える違い、また、市販の風邪薬と医師に処方してもらった抗生物質の入った薬との違いとも譬えられましょう。

私の塾の女子生徒の話ですが、「学校の先生っていい加減なの、なぜって、私のクラスはアドヴァンス（アドヴァンス・スタンダード・ベイシックと3ランクある）なので、英語の授業で、過去問をやっていても、〈いいね、みなさん、あなたたちは、アドヴァンスなんだから、こんなのわかるわよね、じゃあ、次に進みます〉って感じなんです」と。その先生は、英語長文問題（私が見ても50分では終わらない長さの問題）をどしどし進め、最後に解答を配って終わりにするようです。

「こんなんだよ、超いい加減なんだから、ったくもう！」

そうです、教師は生徒がわかっていると思っている内容の半分も、彼らは実は深くは理解認識していないという心構えをもたねばならず、それが教育上の鉄則です。これは、〝自身の尺度で物事を見るな〟という鈴木敏文の言説に相通じるものがあります。あえて肯定的にこの教師の授業姿勢を解釈すれば、授業カリキュラムとシラバスの消化に時間を追われ、そうせざるをえなかったのかもしれません。それにしても、こういう姿勢では教師失格です。

もう一つ、私の塾の入塾ガイダンスに母子で訪れたケースを紹介しましょう。

1時間ほどの面談の中で5分ほど黒板に英文を書き、その男子生徒の実力をチェックしました。高校2年ですが、中学1、2年レベルでした。学校（神奈川の私立の進学校Z）の英語は10段階で1だと言われ、さもありなんと納得しました。

私はその場で、その生徒の実力や勉強の仕方をぼろくそに批判しました。私は、うわべだけいいことを言って入塾させようという営利優先で塾を主宰してはいません。その過激な指摘で、彼は母親の目の前でプライドがずたずたになったはずでした。医師でも健康診断の結果に厳しい助言をするタイプの先生がいますが、私もそのタイプです。

このガイダンスの数日後、その母親から電話がありました。

「先日はガイダンスありがとうございました。あの日、先生の息子への指摘、あまりに露骨で、的を射過ぎて、私はその場で言葉が出なかったのですが、息子は塾から帰る途中も自宅でも、ほんとムカつく塾だ！　と非常に腹を立て、一日中愚痴を言い続けていました。でも次の日の夕飯のとき、そういえば、あの先生の言っていたことは図星だよな、と言うんです。他の塾のガイダンスや面談の際には、君、Z学園の生徒なんだから、やればすぐできるようになるよとか、Z中学に入れるくらいなんだから本当は、君はできる、頭がいいんだよ、この塾（C学院）ですぐに英語なんか得意になるよなんていうおべんちゃらばかり聞かされていて、あまりに対応が真逆なんで、その場で、感情的になって自分の本当の実力・能力が判断できなかったみたいです。でも一日で冷静になって、本音で対応してくれたそちら様の塾に通う気持ちに本人がなったみたいです」

こうした塾なども多いようですが、それは勧誘優先の〝ごますり営業〟以外のなにものでもありません。

さきほどの教え子の女子進学校の英語教師にしろ、神奈川県で老舗の大手塾C学院の教室長にしても、ブランドで本質が見えないのか、ブランド蒙昧者なのか。教育に携わる者の、反面教師像のエピソードとして取り上げました。

以上の2つのエピソードから、鈴木敏文の次の名言がまさしく該当すると悦に入ったものです。

「業績は体質の結果である」

鈴木敏文にしても、スティーブ・ジョブズや小林秀雄にしても、物事を教える次元に引き下げて言わせてもらえば、教える側の心得とも教育の本質ともいえるのが、この言葉です。

彼らに共通するのは、傍流の流儀、岡目八目的アウトサイダー的視点とでも言いましょうか。その原理原則は、あえて言えば〈教育の規矩〉とも言っていいような、現代における〈受験英語〉の洗練された姿は、すなわち、〈予備校英語〉にこそあると言いたいのです。真の予備校講師の書いた参考書は、教授に名を借りて学習系老舗出版社のゴーストライターが書いたものとは、完全に一味違います。できない生徒を臨床として、それをフォーマットとしているか否かの違いです。

伊藤和夫の言葉、「医師は患者によって作られると、よく言われるが、教師もまた、生徒によって作られるのである」は、鈴木敏文をイトーヨーカドーにヘッドハンティングしたIYグループ創業者である伊藤雅俊氏の言葉「お客様に学ぶ」という謙虚な商人としての姿勢とまったく同根のものです。

私の母の逸話ですが、私が宅浪していた石巻時代のことです。正月明け、母は玄関先で転び、足を痛めました。即、地元の整形外科に行きレントゲンを撮ると、大腿部の軽い骨折だとわかり、ギブス治療を受けました。それから数日しても痛みは取れず、セカンドオピニオンではないですが別の整形外科医に見てもらいに行くことにしました。前回と同じ診断でした。それでも痛みは引かず「何かおかしいな？　不安だわ」と、母の姪の自宅の近くの評判の良い、診立ての良いとされる、W整形外科という医院に再度診断に行きました。母が手にしてきた他の病院のレントゲン写真を一目見るなり、先生は「あ！　この微かな骨のひび、これだ、このままにしておくと、骨折が完治しても歩けなくなるよ、すぐに日赤病院に入院して、大腿部にボルトを入れなければダメだ」と言われました。

すぐ、母は日赤に入院し、その後、少々杖を必要としながらも歩けるようになりました。前者二人の医師には、目に入らなかった微かな骨のひび、これがW医師には見えていたのです。凡庸な医師と名医の違いです。その後、このW整形外科の先生（院長）が、宮城県の医師長者番付の1位であったことを知り、思わずうなったものです。

先日、テレビ東京の『カンブリア宮殿』という番組で、日本一の心臓カテーテル医師三角和雄というスーパー外科医の特集を観ました。彼はこう言っています。

「〝私、失敗しないんです〟（ある人気カリスマ外科医のドラマの女主人公の台詞）、こう語る医師に名医はいない。名医は、怖がる、非常に臆病。だから気をつける」

この三角医師の台詞を聞いて、登山家、植村直己の晩年の言葉を思い出しました。

「登山家は、気が弱く、臆病で、寒がりなんですよ」

この言葉は、極寒の地を、勇猛果敢にチャレンジしている冒険家の姿からは想像できません。そうだからこそ、何度も人類未踏の地から見事に生還してきたのだな、とその言葉を聞いた当時高校生の私は、外見の雄姿と、その内面に潜む〝慎重さ〟のギャップに、物事の真実を見た思いがしたものです。

これらの医師と冒険家の真実、そして、鈴木敏文の思考パラダイムを掛け算すると、実は、伊藤和夫という、受験のカリスマ講師という〝解〟が導きだされます。彼は、通訳はもちろん、実用英語も大してできはしなかったでしょう。

しかし、英文を読めるようになる（素人から玄人への）思考プロセスに光を当て、解析する力量だけは、人後に落ちないだけのものを持ち合わせていました。だから私は、あえて言います。「英語教師は〈英語〉ができなくてもよい」と。

伊藤和夫の入試英語とはどうあるべきか論

「大学入試の英語が、高校までの内容をきちんと身に着けてきた確認のテストなのか、また、それが、大学入学以後に求められる、アカデミズムを前提とした、留学へと雄飛できる実力を試すテストなのか、そのボー引きが曖昧のままにこれまで入試英語が作成されてきた」

これは、伊藤和夫が著書『予備校英語』の中で書いた一節です。

私が横浜で大学受験英語専門の塾を開いた年（１９９７年）は、奇しくも伊藤和夫が亡くなった年でもありました。この書が世に出て、即読みましたが、まさしくこの指摘こそ、これまで中等教育で行われてきた英語教育の矛盾点を明確に表している真言だと、刮目した記憶が今でも残っています。当たり前すぎて誰も口にはしてこなかったことでした。

公立の小学校で受ける教科書での集団授業では、私立の中高一貫校、たとえば開成や麻布、また、中堅クラスの私立の中学校でさえも、まず１００%、合格は無理です。入学後、公立の中学校以上にハイレベル、しかも先取り高度の内容を享受できる頭脳のキャパシティーをある意味、有しているかどうかを試すのが、入試問題であるからです。

こうした難問に関して、文科省はいちいち横やりを入れたり批判などしません。一方、センター試験や私大の問題に関しては、非常に厳しく口やかましくチェックを入れてきます。しかし、その網の目をかいくぐるようにいやらしい難問が出題されるのが現状です。

さらに、この高校時代の文科省検定の教科書を完璧にマスターしたとしても、早慶上智レベルはもちろん、ＭＡＲＣＨレベルの問題ですら、合格ラインには手が届かないのが実状です。

このような学校英語と入試英語の開きに自覚、危機感を抱いた生徒が、〈受験英語〉なるものに、内面方針転換をするわけです。断っておきますが、〈受験英語〉とは、要領のいい暗記の仕方や、高得点を狙えるコツ、また、悪しき丸暗記主義などの謂いではありません。私のいう〈受験英語〉とは、受験の建前と本音に気づいた生徒の内発的な、温室から荒野へと一人で勉学を突き進まねばならないという自覚に裏打ちされた心的態度のことです。

幕末に譬えれば、鎖国から佐幕開国、尊王攘夷、尊王開国へと志士たちの内面の心象風景が移ろってゆく様と同様です。学校という閉じられた世界、文科省の〝限界的・最小的〟教義ともいえる教科書、これだけでは到底、入試という困難なハードルは超えられないと強烈に自覚したとき、書店に足を運び、予備校系の参考書、著名な単語集へ手を伸ばすのです。さらにそれだけでは自身の殻は破れないと痛感した生徒は、塾や予備校の門をくぐることになります。

生徒自身の〈学校英語〉から〈受験英語〉への転向、こうした態度が、学校授業不信の萌芽となり、予備校を日陰者の存在から日の当たる場所へ押し上げたといってもいいでしょう。踏み込んで言えば、この〈受験英語〉からさらに、その予備校の名物講師の薫陶、影響を受け、心理学でいうところの〝アハ体験〟をした者が、社会人で英語の勝ち組になっているケースが非常に多いのです。

ところで中等教育における英語の教科書の存在に疑問を呈する教育評論家が皆無であることがとても謎です。世間では、中学や高校の英語の教師ばかりが、力量に欠けるだの、教え方が下手だのと批判のやり玉に挙げられますが、その文科省検定の英語教科書自体には、一向に批判の矛先が向いてはいきません。今までだれも指摘してはきませんでしたが、その教科書の問題点を2つ指摘してみたいと思います。

まず、高校時における英語の教科書では、到底、偏差値60以上の大学の英語の合格ラインには届かないという事実が厳然とあるということです。一部の教師や学者からは、「いや、きちんと高校時代の英語の教科書を身につけていれば、大学入試の英語は大丈夫だ」と反論されるでしょう。「教科書の基礎が理解できれば、入試問題は解けるはずである」とも追加されるでしょう。

ここでいうその基礎とは、どの程度をもって基礎といっているのでしょうか。その基礎が1だとすれば、1を学び、3以上の理解認識ができる地頭のある、いわばIQの高い生徒に対しての発言でしょう。現場の教師は実感しているはずです。凡庸なる生徒が大勢の教室で、凡庸なる教師がほとんどの教壇から、基礎の1を教えても、せいぜい2くらいの応用が利くのが関の山といった生徒が多数派であることを。この実態を、世の教育関係の当事者は言及しません。

次に、高校の教科書に関してですが、それを一日に何度も復習している存在が、実は英語教師なのです。この文科省の〝経典〟を、理解もし、暗記するほど音読もして、血肉化している者、それが英語教師です。この英語教師が、実は、教室という場で何度も復習していながら、英語教師は英語ができない、英語教師は使える英語を教えられない……などと揶揄批判される世間の風潮をむしろ逆批判したいほどです。

こんなに生徒に何度も英語を、その教科書とやらを通じて自己学習をしている存在が英語ができないということは、実は、現場の教師ではなく、文科省の教科書に欠陥があるということではないでしょうか。教科書というものの自己矛盾が透けて見えてきます。

それでは、この英語の教科書は誰が作成しているのでしょう。それは、おおかた大学の教授、それも英語学科、また英文科の先生方であり、それを補佐するかのように、高等学校の英語教師が共同参画しているというのが実態です。

キャンパスの中で英語を能動的に使える学生は、文学部よりも経済学部や法学部に多い傾向にあるとする指摘から鑑みると、文学や言語学、英語学という専門領域の学者が、中学、高校対象の教科書を執筆する段になれば、どうしても自身のフィールド、または得意分野を逸脱するものはできないという自己限界に陥ります。この自家撞着といってもいい教科書作成という営為を解消しない限り、英語教師がその教科書を使って、使える英語を生徒に身につけさせることなど、夢のまた夢です。

ある意味、人工的な英語の箱庭にいて、それが外の世界と同じであると錯覚させるような、あるいは幕末の横浜で少々英語が通じた程度で、アメリカで生活できるなどと幻想を抱かせるような悪効果をもたらすのが、文科省検定の英語の教科書というものです。

さきほどの伊藤和夫の言葉にもどると、彼がそれを強烈に自覚したのは、おそらく

1991年に誕生したSFCという大学の英語入試問題を実際に目の当たりにしたときではないでしょうか。1995年くらいになると、SFCの人気は頂点に達します。慶應の経済学部や法学部を抜き、偏差値70以上にまでなります。それに比例するかのように英語問題も難易度を極めていきます。デーブ・スペクターをして、「こんな英語で8割以上得点できるなら、海外の大学へ行け、中学から6年間しか英語を学んでいない生徒にこんな難問を課すなんてむしろ拷問だ」（日刊スポーツの1998年11月25日の記事）と皮肉交じりに揶揄していました。

一方、伊藤和夫も「これほどの問題が解けて大学に入学してきた生徒を、さらにキャンパスで教えられる教師がどれほどいようか？　問いただしてみたい」（今井宏氏のブログより）とも発言しています。おそらく帰国子女、準帰国子女優遇の入試英語問題であることがありありとわかる問題です。

これ以降、上智大学の半数近くの学部、そして早稲田大学の国際教養学部など、慶應に〝英語の完成品とも言える学生〟を横取りされてなるもんかの負けん気根性剝き出しで、標準的秀才君には、時間が不足する拷問まがいの英文へとエスカレートしてゆく様は、現場の英語教師なら、啞然とし、「教室で指導できるレベルにはない！」と慨嘆したことでしょう。また、予備校講師の多くは、「教室で教え指導するには、授業時間（120分）が足りない」と匙をなげたことでしょう。

このように、現場で英語を教える学校や予備校と、大学の課す英語問題との乖離がどれだけのものか、生徒が、教師が、どれほど衝撃を受けているのか……知ってか知らずか、文科省は一向に涼し気な顔です。

特に、上智大学が主導して始めたTEAPなる〝読み・書き・話し・聞く〟の4拍子を試験するシステムがメジャー化しつつありますが、これなんぞも問題は英検2級以上準1級未満で、そこそこ標準的な問題ではあります。

しかし一方で上智大学は、従来の悪しき拷問に近い難問を一般入試問題で受験生に課しています。裏表の顔をもつ大学です。6年間標準的レベルの英文を真面目に勉強してきた部族を受け入れる枠〈TEAPコース〉、従来通り、帰国子女まがいのハイレベルの学生をゲットしたい顔をのぞかせている枠〈従来の難問入試コース〉が存在しています。

文科省へのいい子ぶった顔と慾深い心根をもつ捻じれた顔（※ポストセンター試験の資格系テストの〝雄〟をも狙っている！）、この両面をもつのが、現在の上智大学の実体です。英検やTOEICなど資格系の問題をセンター試験の代わりに生徒に課しても、むしろ学生の英語のレベルは落ちるというのが、現場の良識ある教師の正直な本音でしょう。あえてその説明など不要なくらい、英検の2級までなら、文科省検定教科書でおつりがくるレベルであるからです。

2020年以降、TOEICやTOEFLなどを大学入試に代用するという方針が安倍内閣で打ち出されましたが、冗談もほどほどにしてほしい。

TOEICは、そもそも社会人を対象とした資格系問題です。実社会で必要な英語がベースにあります。高校生にとっては、現実問題として別世界の英語であり、高校教師も、実用英語など不要の種族です。自身が不要なことを、さらに別世界にいる未成年に教える、これほど理不尽で非効率的なことはありません。

多くの学者や評論家も指摘していますが、高校生にTOEICを課しても、高得点目当てのセンター試験と同じ悪しきメンタルを養う羽目となるだけです。しかも、TOEICの勉強をしたからといってそれが即、使える英語に通じるなどとは幻想以外の何ものでもないと、脳科学者としても名高い茂木健一郎や中野信子も批判しています。

TOEFLの場合はどうでしょうか？　これはある意味、ＳＦＣの英語や上智の英語をさらにアップした英語力が必要となります。TOEFLとは、日本の大学生が、大学時代に留学を目的に猛勉強する対象のものです。

6年間しか英語を学習してきていない日本の高校生に TOEFL などを課すとは、江戸時代、読み下し文で漢籍が読めた儒学者を、長崎で一度もチャイニーズカンバセーションの訓練を経ずして、清に留学させる暴挙に近いものです。これなども、ゆとり教育という文科省の理想論・できる先生が当然いる論・生徒の学習意欲があるという性善説——これらを内包していたがゆえの「失敗」と同義のものです。

これからのアクティブ・ラーニングなるものも同様です。これは、高等教育対象、また超進学校対象、エリート〝秀才〟対象の方針です。おそらく、挫折→軌道修正→最後は廃止となるでしょう。

また、プログラミングを必須にする方針とやらが打ち出されました。一部の評論家からは、これからはアクティブ・ラーニングで授業をしなければ、従来の暗記型授業ではグローバル化に取り残されると国民を脅している様は、「これからは使える英語だ」と喧伝している姿勢と一致します。

成毛眞氏が「日本人の9割は英語はいらない」と言うように、オリンピックを大義名分にして日本人がみな英語ができなくてはならないなどという妄言を信じるべきではありません。英語が必要なのは、ホテルや旅館業を生業をしているサービス業の部族です。同氏はまた、「ビルゲイツとやり合うために仕方なく英語を勉強した」とも言っています。この2点に収斂する精神を有する者のみが、本格的に大学から英語をスキルアップすればいいだけの話です。

国民全員が、いや、高校生全部が、池上彰氏の番組をエアチェックし、それを熱心に観て、佐藤優氏の書籍が出版されるや、それを前向きに読むという状況、いや学習メンタルなどあるでしょうか。

また将来、ゲームを開発するプログラマーや善玉ハッカーを目指す高校生がどれほどいるでしょうか？　踊りが好きでもないのに、中学でダンスの授業を採用するとか、音痴なのに、文化祭で集団コーラスのメンバーに選ばれ、練習を押し付けられるとか、全く同様のことを文科省がしているのです。

繰り返しますが、文科省の眼鏡にかなう英語教師は、帰国子女かそれに準ずる者、また、社会人で数年海外勤務をした商社マンあるいはメーカーの現地営業マンくらいの人物、このように英語教師の条件を規定でもしなければ、生徒は使える英語など身につきはしないでしょう。

ですが実際そういう教師をそろえてみても、現状は改善しません。なぜなら英語教育の半分以上は、生徒の気質や資質、また意志に左右されるものであり、それが一緒になって初めて完結するものだからです。

もう一点、従来の英語教科書を完全否定した、実用的なる内容・表現のものを検定済にしなければなりません。これとて実現したとしても、ますます日本人学者の英語教育上の職場を失うというジレンマに陥るでしょう。しかしこの2点が、文科省、そして軽薄なる父兄の要望を満たす必要十分条件となるのです。

伊藤和夫の言葉に回帰します。

入試問題というものが、高校までの英語の身につき度を確認するものなのか、大学生になって、留学へと通じるアカデミック英語を究める能力を担保するものなのかの線引きもせず、使える英語、使えない英語の次元で英語教育を議論しても無意味であり、不毛でさえあります。

教師の質の向上を画策しても、非現実的です。高校生に英検2級を必須とするなど馬鹿々々しくて話になりません。TOEICを課すなど無意味です。ましてや、TOEFLを高校生から課すなどエリート英語教育以外の何ものでもありません。

バブル崩壊前の大学入試英語が、懐かしく回顧されます。そうした時機が必ずや到来することを予言しましょう。理想の高大接続の教育カリキュラムが実現すれば話は別ですが、それとて昭和30年代のハワイ旅行の感が否めません。高嶺の花です。使える英語とは、そもそもそのような代物であるという前提で、教師は生徒に向き合わねばならないのです。

英語教師擁護論1

『国家の品格』で一躍有名になった数学者藤原正彦氏が、かつて語っておられましたが、**大学入試で出題されるレベルの数学**は、数学研究においては、**入門の入り口に**すぎない、さらに、**理学部数学科で学ぶ数学**でさえ専門家にとっては、**初級レベル**だそうです。大学院、それも博士課程の後半あたりから**中級のレベル**に入るといいます。数学の道がどれほど長い道のりで、しんどいことか、常人には計り知れない領域でもあります。

さて、学校、高校を例にとるとしましょう。**高校の数学教師**が、文科省検定のテキストの範囲で、しかも自身が大学で得た知識の数段下の生徒たちを教える都合上、**数学の初級レベルは必要ありません。**また、進学校の生徒、とりわけ秀才や、時に天才を相手にする**『大学への数学』(東京出版)で掲載されているレベルの数学問題など、世の数学の先生で、失礼ながら、半数は解けない問題**であると聞いた覚えがあります。

一般の数学の先生は、初級レベルの実力など、果たしてもっているものでしょうか？　しかも、入門レベルの入り口手前であってさえ、大方の高校生は、数学で脱落する始末です。ちなみに小中高とアンケートをしたところ、小学生では7割、中学生では5割、そして高校生では3割しか、数学（算数）を好きと回答した生徒がいなかったという調査結果があります。いわゆる、**数学好きの〝753〟とやらです。**高校生は理系を含めての3割という数字です。おそらく前向きに好きな生徒の比率は2割にも満たないことでしょう。

しかし、こうした数学嫌いな生徒たちは、学校で数学を学びながらも、自身の〝数学嫌い〟や〝数学伸び悩み〟の原因を教師のせいにはしません。「俺、数学のセンス全くねぇし！」と愚痴ったり、「私、数学に向いていないかも？」などと自己批判に回ることが多いものです。数学という科目そのものに「因数分解や微分・積分やったって社会には全く役にたたない！」といった批判をも向けることがあるでしょう。先頃（二〇一九年一月）、橋本徹氏は、「三角関数は生きていくために絶対に必要不可欠な知識じゃない」と発言し、物議をかもしました。これも現在、数学の大切さが叫ばれている趨勢のなかで、逆行する発言ともいえます。

でも、数学の先生が、〝教え方が下手〟だとか〝数学の教師が駄目〟だとかの烙印は決して押されぬ宿命を、数学という教科は背負ってもいるのです。ある意味恵まれた種族です。

そうです、**数学の先生は、数学の初級レベル以上に自己研鑽を積まなくても、また生徒た**

ちへの数学の教え方の工夫や教材研究などしなくても、自身の立ち位置は安泰なのです。昭和の高度成長期のサラリーマンのように、大学を卒業さえしていれば、終身雇用・年功序列のように、学校制度の数学という教科の中で、安穏としていられる部族なのです。もちろん例外の数学教師もおられましょうが、7~8割は該当しているのが真実ではないかと思われます。

では国語教師に話題を変えてみましょう。国語という科目、それも**現代文に関して言わせてもらうならば、高校生にとっての現代文の授業ほど、大学入試に直結していない科目はないでしょう。**これはもちろん、私の経験則の範囲内のことで、異論があることを承知のうえで申し上げげているまでです。

高校3年生になっても、ある評論の抜粋、また、ある小説の一場面を10ページ前後、だらだらと数週間もかけて、時には生徒を立たせて音読までさせている学校すらあります。小学生ならまだしも、高校の段階で教室内での音読など、国語教師の手抜き授業以外の何ものでもありません。

私自身は、昭和に中等教育を受けた世代ですが、地方の公立進学校の3年間で、**現代文の授業ほど、今振り返ってみて、くだらない授業、また、大学入試に全く無縁、いや直結して**

いないと思い出されてくる授業はなかったといえます。共通一次（センター試験）や私大の過去問の解き方を教えてもらった記憶は一切なかったといえるのです。

国語教師ほど、〝生徒ができる・できない〟といった次元で、批判の矢面に立たされていない部族もありません。灘の伝説の国語教師橋本武氏の『銀の匙』の授業を高校3年になってまで行ったならば、ある意味秀才連中から顰蹙を買うことでしょう。譬えて言えば、米村でんじろう先生の理科の実験だけを、進学校の高校3年の物理の授業で行うようなものです。**国語教師というものは、数学以上に安全圏にいる人々**です。

話はそれますが、尾木ママこと尾木直樹氏が、国語教師であった立ち位置から、今の教育評論家の誕生の〝彼の雛型〟が透けて見えてきます。自身の国語という科目の教え方のスキルアップに専念するよりも、生徒の生活指導に頭が回り、生徒の非進学上のさまざまな個人的問題に目を向ける余裕があったことが想像されるのです。彼自身、尋常ではないほど、生徒たちとの日記風連絡帳でそれぞれの生徒と気持ちのやり取り、心のメンテナンスをしていたそうです。それが今のエキス・ノウハウ、つまりアドヴァイスの源にもなっているのでしょう。

あの金八先生も国語教師でした。金八先生が、受験問題を指導している教室光景をドラマの中で目にしたことはありません。人生上の教訓話を、黒板を背にして能書きたれる姿だけが印象的です。ですから勉学ができる生徒よりも、問題児、不良児、家庭内不和など、義務教育内の人間性や社会性を扱ったテーマが主でした。

数学教師と比較して、あえて言わせてもらうならば、生徒に評論文の解説をしたり、小説の鑑賞を、まるで自身が手本であるかのように、また上から目線で、その教科書の文章を批評して見せますが、こうした国語教師で、後に脱サラして（教師を辞めて）、著述業として生計を立てている人がどれほどいましょうや？　私の知る限りでは、高校の国語教師から『サラダ記念日』で爆発的にスターとなり、その後教師を辞めて著述業に専念した俵万智氏や、中学教師を家庭の事情で退職し、今や「プレバト!!」というＴＢＳの番組で一躍時の人となった俳人夏井いつき氏くらいです。

また、元国語教師で、芥川賞なり直木賞を受賞した人物がどれほどいましょうや？　**人に教えることと己自身ができるということは違うという典型的な事例**でもあります。あの林修氏でさえ、昭和以前の、特に明治・大正・昭和時代の文学は得意かもしれませんが、平成以降近年の芥川賞、直木賞作品に関しての自身の見解、また批評など耳目に珍しい限りです。穿った見方をするならば、自身の小学校から大学生までの文学経験、いわば小説の読書量、社会人以降現在までは、非文学的経験の知識の習得に務めてきた嫌いがなくもありません。その蘊蓄で、今売れっ子にもなっている予備校講師です。

彼自身、「一つくらい、小説を書いてみたい、それも恋愛小説を」と、かつてテレビで語っていましたが、彼の知的エリート性からして、常日頃、広辞苑を援用したり、文化庁調査による、言葉の正しい用い方と現代人のそれとのズレを指摘し、批評する立ち位置からして、又吉直樹が一種、アウトロー的、落ちこぼれ的、また我流で太宰治を愛読してきた偏愛性から、彼自身の生業とするお笑いの世界と融合して生まれたいびつな個性、『火花』で芥川賞を受賞したようにはいかないでしょう。**知的オーソドクシーを歩んできた知識人（国語教師も含む）には、名作というものは、一般的に書けない**ように思われるのです。

個性が強い、今風にいえばキャラが立つ予備校講師というものは、自身の日陰者的予備校講師の立ち位置を百八十度反転させたい、ある意味、極端な謂いですが、西村賢太的人生（※自身の負の遺産・コンプレックスともいえる経験を私小説で昇華した経歴）の予備校講師の生きざまバージョンを実現させたいのか、芥川賞を欲する国語予備校講師が多かったと記憶してもいます。

代ゼミ講師だった酒井敏行氏や〝論理エンジン〟という手法で一世を風靡し、自身が水王舎という出版社まで立ち上げた出口汪氏（現在東進ハイスクールの講師）などは、真の小説家を目指していたといいますが、現実は厳しいものです。

そうです、国語教師という部族は、生徒の前で、その作家をあまでもないこうでもないと批判したり賞賛したりしても、自身、世で評価される作品など書こうと野心を抱いていても、一向にその野心は現実化しないものです。

それは、自然主義文学の田山花袋の『田舎教師』以来変わらない命題です。ましてや一般の高校教師に至っては、**生徒がきちんとした文章**（作文から小論文まで）**が書けなくても、さらに、大学入試の読解問題で教え子が希望の点数をゲットできなくても、一向に学校当局はもちろん、文科省からクレームが来ることもありません。**国語という科目は、その進学校で、きちんとしたシステムなりシラバスなり、また教え方がしっかり確立していなくても、生徒やその父兄から問題視されないのです。

国語教師は、大学を出た後、自身のその科目に、プロの小説家の感性豊かな独特の筆さばき（表現力）や大学の専門研究家の博識、また哲学者や思想家の文章力や知性など不要で、安穏として〝安楽椅子〟にふんぞり返ってもいられるのです。国語教師（※特に現代文担当教師）は気楽な〝科目稼業〟でもあります。もちろん、生徒一人一人に作文指導なり、小論文指導なり、読書感想文の指導なり、超多忙な先生方がいらっしゃることを前提に話しているだけです。これは、**国語教師の一般論**であることをお断りしておきます。

古文に関して、よく生徒に語るエピソードですが、「君たちの中で、古文の教え方が下手だと思う学校の先生はいますか?」と尋ねます。すると、二人に一人の割合で、「先生! 私たちの古文の先生、超教え方が下手、だから、古文が超苦手なんです、早く、古文の授業を、(英精塾の教室で)始めてくださいよ!」と愚痴ってきます。

そうです、当然ながら古文という科目は、古典文法を下敷きにしなければ、読み込めないものです。よって、**英語的な科目**となるのです。そこで、現代文、いや、数学のように、批判の矛先は生徒自身ではなく、教師に向けられるのです。

そこで、私は、その高校1年の女子生徒に向かって次のようにブラック・アドヴァイス(ジョーク)をするのです。

「それじゃ、Mさん、学校のその古文の先生に向かって、次のように語ってみな! 〈先生の、大学での専攻、つまり卒論は、近現代文学、それも、夏目漱石か、志賀直哉かな、それとも三島由紀夫の小説を研究していたんじゃない?〉すると、その学校の先生は、〈お前、よくわかったな、当たっているよ、どうしてわかったんだ?〉と言ってくるから、Mさんは、〈だって、先生の古文の教え方、下手くそなんだもん!〉と応じればいい」すると、Mさんは、「いやあ、そんなこと言えませんよ！」と苦笑いして、他の生徒たちもそれに釣られてか、くすっと笑いだします。**これが、国語科の実態です。**

次に社会科の先生に関して語ってみたいと思います。特に公立高校に該当する事例ですが、社会科の教員免許状は、法学部でも経済学部でも習得できてしまうので、本来なら専門が公民や政治経済が得意の先生でも、時には日本史や世界史、さらに地理まで教えるという立場に立たされます。

野球で譬えれば、外野手でプロに入団した新人に、お前は肩が強いから、ショートをやれだの、ピッチャーをやれだの、ある意味不合理にして、非効率的な職場シフトの現実にさらされてもいるのが実態なのです。よく高校野球の監督で教鞭をとられている先生に、社会科が多い傾向が見られますが、ある意味、〝つぶしが効く教科〟でもあるからです。野球指導が第一、教科指導は二の次といったら語弊がありましょうか？

極論ながら、本来ならばブサイクな顔、決してイケメンなどとは言い難い役者に、木村拓哉や福山雅治の仮面（マスク）をかぶらせ、生徒を騙しだまし授業を行っている教師が少なくないのが実態でもありましょう。大学で経済学や政治学また法学などを学んできた社会科教師に戦後史を習うならまだしも、古代、中世の歴史を学ぶようなもので、芸大の油彩画科出身の人から日本画を学ぶに等しいといったら極論かもしれませんが、生徒が歴史に興味を抱くことはもちろん、得意になるなどは論外と言わざるをえません。

戦後史などは、歴史専門教師と政経専門教師がタッグを組んで授業をすれば、池上彰氏のような授業も成立するでしょうが、それは、英語の授業において、ALTの外国人英語講師と英文科出身の英語教師がタッグを組んだ授業のようなもので、理想論というものでしょうか？　**中等教育における三大教科、すなわち数国英の教師ほど、社会科の教師は教え方が下手だとか、その先生が歴史なり地理なりの受験で足を引っ張ったなどと一般的に責任を転嫁されない**ものです。

なぜなら本来、地歴公民は選択科目でもあり、その科目がもし苦手でも、特に文系生徒に関してですが、学校があてにならなければ、進んで塾・予備校に通い、英語・国語に次ぐ第三の科目の強化に努めるのが、受験生の〝暗黙の鉄則〟でもあるからです。

付け加えておくべきは、社会科の先生でも、常日頃、社会のニュースにアンテナを張り巡らし、進んで新書なりを読み、一般のエリートビジネスマン並みに新聞雑誌などで自己研鑽を積んで、しかも教え子の現代っ子気質をよく把握して授業に臨まれている教師は、生徒の受けも良く、また、社会科教師として合格点の域に入る部族といえましょう。

私の高校時代、日本史の授業は、のっぺりとしてただ史実を板書するだけの授業でした。事実、その先生は、新年度の4月に、「私の授業は、忍耐力を養う授業です。なぜなら、睡魔との格闘になりますから」と、ブラックジョーク風に自身を卑下して授業を始められたことを鮮明に覚えています。

その後、その先生は宮城県遺跡発掘の委員のメンバーを務められましたが、専門は縄文・弥生時代だったのです。なるほど平安以降は退屈だったことも納得できました。世界史に関しても、東洋史が専門でありながら西洋史を教えても上手な先生もいれば下手な先生も当然います。社会科の先生も、十把一絡げとはいきません。

最後に、理科の教師に関していえば、純粋にサイエンスの領域ともなるため、高校では、物理系教師、化学系教師、生物系教師など、役割分担がなされてもいて、社会科の教師ほど当たりはずれが一般的にはシステム上生じないと思われますが、これも、生徒の評判の悪い物理教師、また化学教師がいれば、**それに不満の生徒は、学校の授業に見切りをつけ、予備校なり塾なりに足しげく通うことを決断する**ものです。その学校の理科の教師への風当たりは強いものにはならない所以です。

また、**理系を選択した高校生は、自身が英語以上に、時に数学以上に、**「大学に進学したら、私の将来やる仕事は新しい食品開発です（希望は明治食品や味の素など）、もう決まっています」「将来の仕事は、環境に優しい洗剤の開発です（希望は花王や旭化成など）」「人間に近いロボットの開発が夢です（希望は大学の研究者）」「日本がＡＩ自動車の世界最初の国となるように、理工学部へ進みます（希望はトヨタやホンダなど）」といった動機から、**化学や物理の必要性を、高校の授業の延長線上で考えて、女子なら化学を、男子なら物理を、前向きに学ぼうという意欲がある生徒が多い**ものです。

化学や物理は数学以上に大学の講義と直結していることを意識しているから、「親はなくても子は育つ」の格言ではないですが、**学校の授業（物理・化学）がなくても、生徒は予備校なりを頼って自助努力をし、理科という科目は伸びるともいえる**のです。

こうした観点から、理科教師に関しても、駄目親（駄目教師）でも、立派な子供（優秀な生徒）が育つともいえるのです。これに関しても、理科教師は生徒や父兄の批判の対象にはならないものです。

ここで、技能系科目に関して最後に述べてみたいと思います。

まず**美術の教師**ですが、この部族は、国立の芸大、また私立の美大など、本来なら、**自身の絵画、彫刻、デザインなりで食べていきたい人々**であったはずです。もちろん、美術教師に初めから志を持っている方も当然いるでしょうが、でも、自身の才能の限界や業界の厳しさで目指す道を断念し、美術教師になった人が大半ではないかと思います。

日本画家平山郁夫氏は、東京美術学校（現在の東京芸大）入学のとき入学式で、「君たちは今日、日本一の芸大、才能の梁山泊、東京美術学校に入学したが、その専門で将来食っていける人は、この大勢の中でただ一人だけです」と厳しい祝辞の言葉を浴びせられたと、ある書物で語っておられました。

そこで私自身を含め教え子にも確認するのですが、美術教師ほど気楽な部族はないのではないでしょうか。生徒にただ絵を描かせたり、木像を彫刻刀で彫らせたり、教師自身は、それを腕を組んで見つめているだけ、そして採点して、評価し、通知表に3とか4などと記載すればいいのです。

私自身は、美術教師が生徒の前でデッサンとはこうするものだとか、水彩画を手本のように描いてみせた授業風景など見たことが一度もありませんでしたし、人間の手の形を木材で数か月彫らせる授業でも、その彫刻刀の使い方、彫るコツなど一切教えられず、生徒が各自勝手に木像をもくもく彫って、ただ評価の点数をもらった程度でありました。本当に美術の教師は、職員室にいないで美術室にばかり閉じこもっている仙人のような身分であったなあと思い出されます。

中学時代の思い出ですが、絵を描く授業で、好きだった印象派を真似た〝美しい水彩画〟を数回提出しましたが、評価が低く、どうしてだろうか？　とその当時はもんもんとして理解できませんでした。その後、評価が高い生徒は、美大受験生のように、リアルな素描力が評価の第一のポイントであったことを知り、だったら授業前に、なるべくリアルに描きなさいと前もって言ってくれよなーと、恨めしく思ったものでした。

では、体育の教師の場合はどうでしょう。筑波大学出身のゴン中山こと中山雅史氏はプロのJリーガーでしたし、三屋裕子氏は女子バレーで名を馳せました。おそらく彼らは、体育の教員免許を取得してもいたでしょう。仮に彼らが中学や高校の教員になっていたとしたら、自身のサッカーやバレーボールでは、教え子たちの球技のスキルを相当の域にまで磨き上げる、また強いチームにまで育て上げることも可能だったと思われます。

しかし多分、マットや鉄棒、また水泳のジャンルに関しての彼らの指導力には疑問を投げかけざるをえないのです。また、体操の天才内村航平氏は「僕は球技が全く苦手、駄目です」と言っているように、中高生に球技系、バレーやバスケ、またサッカーなどを授業の一環で教えるとなると、やはり体育教師としては駄目・失格の烙印を押されることでしょう。

そうです、そうなのです。**体育教師という部族は、自身がその種目が苦手であっても、一切責められる立ち位置にはいません。オールラウンドプレーヤーである必要はない**のです。まさに美術教師と似たり寄ったりです。

これも個人的思い出ですが、中学高校と、いろいろな事情から帰宅部であった私ですが、野球部やバスケ部などの連中と比較しても、走ったり鉄棒やマット運動をしたりしても負けぬくらいの身体能力や運動神経はもっていたつもりです。しかし体育の成績は常に3でした。4以上をもらったことがない。こうした事実から、「ああ、やっぱりね！同じ運動能力をもっていても、部活動の奴らに4や5を与えて、非部活動の連中は差別するのね！」とその後、学校の評定、指定校推薦の内申点などで部活動をしている者を優先するという、教師間の暗黙のようなルールにも気づかされたものです。

しかしこの点では、体育教師の評価基準というものがあり、一概にはそうであるとも言えないことは重々承知の上で、私個人の経験範囲内のことを語っているまでです。

ここで、私が言いたいことに移ります。

英語教師にもさまざまあるという点を考慮しなければならないのです。帰国子女系の英語教師が、商社マン以上の実用英語に長けているとか、アメリカの今流行りの言い回しやらスラングに至るまで生徒の前ですらすら話せる場合、大学でシェークスピアからヘミングウェイまでを研究してきた英語教師がいたとしても、もちろん帰国子女系の英語教師には、英会話ではかないません。

しかし、英語学、言語学などを専攻してきた英語教師は、帰国子女系の英語教師よりも、理路整然と緻密に英語という言語のしくみを分かりやすく説明する術では勝ってもいること でしょう。文学青年上がりの英語教師、特に英文科の優秀な教師は、読解のコツ、英文を読む悦びなど、英語学科出身の教師（※帰国子女はだしレベル）よりも長けてもいる人が割合として多いと思います。

そうなのです、**英語教師にも、中山雅史のサッカー系、三屋裕子のバレー系、さらには、内村航平の体操系、また、北島康介の水泳系もいる**のです。しかし**英語という科目は、数学や国語といった学科系と美術・体育といった技能系のハイブリット的立場に立たされてもいる**のです。読み・書きは学科系、話し・聞くは技能系、両方のオールラウンドプレーヤーの宿命を背負わされてもいる世知辛い〝立ち位置〟にいるのです。

私流に言わせていただくならば、**中等教育とは、前者（学科系）に比重を置きさえすればいいのです。高等教育で、自我剥き出しの、目的・目標もはっきりしだした学生に対して、技**

能系英語・実用系英語を教えればいいだけの話です。おわかりの方にはわかるはずですが、**大学という場を、その文法・英文和訳などの〝アンラーニング〟の場にすればいい**のですが、大学自体が機能不全に陥ってもいます。

また、経済界から「使える英語の学生を！」の連呼に責任放棄し、その下部の中等教育（高校・中学）に責任転嫁、それこそが、高大接続教育の美辞麗句の正体なのです。

開成学園の校長柳沢幸雄氏（※彼はハーバード大学院の教授でもあった方です）も語っておられましたが、**「日本の高校生は、世界一優秀です」**（※この文脈でいうと、〝日本の高校野球レベルは世界一です〟ともいえます）の言葉ではないですが、〝大学生になると駄目になる〟といわれるような、学生を駄目にする日本の大学システムを、中等教育をも巻き込んで、日本の高校・中学をも世界の二流・三流の教育にしてしまう愚策を今般の安倍政権は行おうとしているのです。

ヘドロやごみでいっぱいの二級河川と四万十川や長良川とを運河でつなごうというとんでもない政策に踏み切ったのが、２０２０年の教育大改革というものの正体でもあります。その象徴が、**〝読み・書き・話し・聞く〟の４拍子そろった、ゆとり教育の焼き増し的ともいえる〝民間の資格系試験〟の採用**でもあります。

中学校の英語教師の3割しか英検準1級を所持していないとか、高校の英語教師の6割しか英検準1級のタイトルホルダーがいないとか、新聞ではよく文科省の調査をさかんに取り上げて英語教師に対する世間の風当たりを厳しくもしています。しかし、**数学の教師が、数学検定準1級を所持しているか否か、また、国語教師が漢字検定1級を持っているか否か、さらに、社会科の教師が歴史検定何級を所持しているか否か**など、マスコミなどで報じられたり問題視されたことは一度もないのです。

日本語がすでに話せる日本人の中高生に、国語という科目、それも現代文という授業はなぜあるのでしょうか？　それはコミュニケーションや文章の正しい書き方が目的ではありません。もちろんそれもあるでしょうが、それだけでなく、**我々日本人の〈文化や社会〉を守り次世代へと伝えていくことを目的としているからです。**それは**日本人の〈生き方や知性・感性〉**とさえいってもいいものです。

その意味で国語教育は、英語よりフランス語に近いのかもしれません。大げさですが、フランス語という〝蘭〟の言語を守ってきたフランス・アカデミー的存在が文化庁なのかもしれません。それに対して、英語は〝雑草〟の言語でもあります。

小学生まで粗雑な日本語をネイティブとして習得してきた日本人に、洗練され、格式のある、そして知性の馥郁たる香り漂う名文に6年間でも接し、また晒されることで〝まっとうな〟大人・成人としての日本語を身につける〝言語的微調整〟をするという意味でも、国語の授業というものがあるのです。

実は、国語の授業は一見して役には立っていないように見えます。しかしすぐ役に立つものは、すぐに役に立たなくなるともいいます。実は、これと真逆の経路で言語を学ぶのが、ある意味、**外国語教育**というものではないでしょうか？　我々日本人には、鈴木孝夫氏や渡部昇一氏、また藤原正彦氏が強調されてもいるように〝**素晴らしい日本語**〟というものが幸いなるかな、存在するのです。英語教育改革論者は、〝親のありがたさ子知らず〟です。**外国語の翻訳に充分耐えうる言語的知的レベルの高さというものが、言語風土上存在している**のです。

その強みを生かし、まず高尚な英文を中等教育で、齋藤孝氏の推奨されてもいる〝素読的文脈（※素読という知的鍛錬は〝難〟から〝易〟へのルートを辿る知的下山の行為でもあります）で、英文和訳を土台に、まずインテリレベルの英語を確立し、大学の段階で、実用英語・日常英会話の段階へと降りてくる従来のシステムを堅持していただきたいと希望するものです。

それは、教育というジャンルが中世以来、まず大学があり、そして中等教育、初等教育と近現代まで発展してきた経緯に思いを馳せれば、母国語が、生活から知識、知性へと語彙や表現が年齢とともに成長し熟成されて身についてゆくのとは、ある意味逆のベクトルで、また、その逆ルート、すなわち教養から日常へと舞い降りるルートの、一種〝パラドクシカル〟と思われる英語教育というものが、この明治以来確立されてきた言語教育風土に合致したものと思われるのです。

藤原正彦氏の著書（『祖国とは国語』）の題名ではありませんが、これ（祖国）をぶち壊そうとする方針が、鈴木孝夫氏の〝武器としての言葉〟、すなわち〝武器となる英語〟すらも脆弱化しようという短史眼的安倍政権の浅薄にして思慮のない政策であることに気づいていない国民があまりに多いのです。

入管法改正案、すなわち〝外国人労働者受け入れ法案〟と全く同じ未来予想図が教育改革とダブって見えてきてなりません。いわば、エコノミスト浜矩子氏の論文「ユニクロ栄えて、国滅ぶ」ではありませんが、「実用英語栄えて、教養英語滅ぶ」とさえ申せましょう。

作家の村上龍は、現代っ子の気質を指摘して**「今の若者は、スマホがあり、サイゼリヤがあり、ユニクロがあれば幸せなんです」**とどこかで書いていました。すべてがそうとはいえませんが、中学生高校生と直に接している私には、**現代の若者の最大公約数像**を言い得ている言葉だと思います。そのとおりなのです。**ゆとり世代→さとり世代→ポストさとり世代、この流れに村上龍氏の言説の具体像が映ってくる**のです。

現代っ子の理科系離れ、多くの大学の工学部で、物理を選択受験しなかった大学1年、また、推薦で物理の上っ面しか学んでこなかった学生たちに、予備校講師を呼んで基礎からやり直す大学が多いといいます。この点でも本来なら大学の講師、准教授あたりが指導すべきものであるにもかかわらず、彼らが中等教育の物理の根本を教えられない実態が露見した証拠でもあります。**英語教育も全く同様であります。**

今、受験科目数が1科目や2科目でも可とされる大学が激増しています。そうしないと生徒が集まらないからです。大学存立のための経営方針が、学生の質よりも優先されている証拠でもあります。**少数科目受験可というシステムが、客寄せパンダにもなっている**といえましょう。馬鹿な大学生でも、〝金を払ってくれるお客さん〟なら勉強ができなくても構いませんと宣言しているようなものです。**中等教育以上に高等教育がサービス化している**のです。

受験科目の最低限の科目数は、英語・国語・社会の3科目ですが、それが文系高校生の知的水準の低下をなんとか食い止めてもいます。実は、**私立文系3科目主義**、これにこそ、**若者の幸福の三種の神器、〝スマホ・サイゼリヤ・ユニクロ〟**と同じ心根が垣間見えるのです。

極論ながら端折って言います。スマホは社会（日本史・世界史・地理）ともいえましょう。サイゼリヤは国語（現代文・古文・漢文）と申せましょうか。そして、**ユニクロこそ英語という科目そのもの**に該当します。衣服は、自身の回りの世界を意識して身にまとうものです、その点、コミュニケーションという手段でもある外国語こそ、ユニクロファッションにも擬《なぞら》えることができるのです。

ユニクロは、ファスト・ファッションとして、手ごろな価格でそこそこ品質の良い製品、さらに柄やデザインも不満ではないレベルであり、こうした商品を販売するＳＰＡ（製造小売業）として、百貨店・量販店、そしてアパレル関係のメーカーをも駆逐する勢いであります。つまり、**手ごろで**、**便利で**、**安く手に入る衣料品**です。

実はこのユニクロ的存在こそ、政府が主導する今般の、２０２０年度から取り入れられる〝読み・書き・話し・聞く〟の4拍子そろった資格系試験英語の姿とダブってくるのです。ユニクロの衣類を、インナー（室内の人目につかない衣服）やアウター（レジャーやスポーツといったプライベート衣服）で身にまとっていても、やはり大手企業の重役会議や役人の外交折衝の場では気が引ける、いや、おおかたの普通の社会人は、仕事の場で着用するには二の足を踏むに違いありません。

そうなのです、**今般の英語教育大改革は、英語の〝ユニクロ化〟**と断言してもよろしかろうと思うのです。東京オリンピックを見据えたり、観光立国を目指す方針でもあるのでしょう。**日本国民すべてが道案内できたり、サービス業で不自由しない程度の英語を身につけようといった程度の英語**です。

この方針は、従来の知的・教養といった、外国人が一目置く学校英語の知的側面を放棄し、標準的生徒が必死に努力し、その後社会人となり、恥ずかしくない英語を使いおおせている部族さえ根絶しようという浅はかな政策です。ここからは、理想を掲げて現実を直視しなかったゆとり教育の英語ヴァージョン、その二の舞になる将来像を予見できるのです。

ですから、ユニクロの存在感の陰で、オンワード樫山やワールド、サンヨーといった従来のブランドアパレルメーカーが衰退してきたように、**今般の実用英語、使える英語主義は、知的英語、教養英語といって明治以来連綿と続いてきた日本の良き英語教育の伝統を破壊する愚策でもある**のです。だから、東大、京大、名古屋大、東北大など、一部の理性と分別を有し、ある意味、文科省に異議申立てのできるステイタスにいる国立大学は、資格系試験を採用しないとの宣言をしました。

こうした東大や京大などの見識ある高等教育機関が、ポストセンター試験（英語）には加わらない、それは２０１８年12月末、オンワード樫山が、ＺＯＺＯタウンから撤退の方針を掲げましたが、その企業姿勢と同じ経営理念が、東大・京大の賢明なる運営判断にダブって見えてしまうのです。

私はそれを〝ユニクロ英語〟と命名したいと思います。２０２０年度以降の、初等教育から高等教育に至るまで、**〝ユニクロ英語〟**一色に染まっていくことでしょう。それは、公文式、ＥＣＣ、学研などのフランチャイズ形式の学習塾から一般の個人塾、また、ほとんどの大手の予備校に至るまで、**文科省という〝英語の大政翼賛会〟**に付和雷同しているというのが現在の日本の教育産業の情勢だからです。

この大政翼賛会を発足させた近衛文麿と同じ存在が、安倍晋三でもあります。今の政府の方針に同調する英語教育関係者は、オンワード樫山の、ブランドというもの、ファッションの奥深さ、衣類における本物のテイストという、いわば**読みごたえのある英文、知的英文、教養英語、こうした存在の大切さ**を忘却しかけてもいるのです。

Ｓ大学の、ＴＥＡＰの実質生みの親でもあるＹ教授やＴハイスクールの、文科省の英語教育審議会委員も務めたＹ講師などが代表格でもあります。**「ユニクロ英語栄え、オンワード英語滅ぶ」**ではありませんが、これに歯止めをかけたい、食い止めたいと努力している方々が鳥飼玖美子氏、斎藤兆史氏などでもあるのです。

イギリスの哲学者、マイケル・オークショットの言葉**「保守主義の反対は革新ではなく、合理主義だ」**ではありませんが、安倍政権の合理主義が、日本の英語教育を破壊しかけてもいます。いわば安倍晋三首相は本来の保守ではありません。似非保守、無責任革新政治家と、教育のジャンルでは烙印を押してもよかろうかと思うのです。

今最も伸び盛りでありメンタルも強いとされる卓球の伊藤美誠選手は、**3歳から12歳まで母親に猛特訓を受け、その練習の怖さ、厳しさに比べたら、「中国の自分よりランクが上の選手との試合で追い込まれた時の精神状況など屁でもない、また、ナショナルトレーニングセンターでの練習なんか全然苦しくなんかない」**と語っていました。

レジェンドとなった野球選手イチローは、**小学生の頃、父親と一緒にバッティングセンターに通いつめては、毎日数時間、そのセンターの管理人に特別にマシーンを改造してもらい、球速140キロ以上のボールを打って練習に励んでいたといいます。そのため、高校球児になっても、さらにはプロ野球選手になっても、「なんてプロの球は遅いのだろう」**と実感したとのこと。最も大切な十代に、すでにプロ野球レベルの速球で動体視力を養っていたのでしょう。

現在では、卓球選手の幼児英才教育が、福原愛、石川佳純以来、盛んに、いや花盛りになってきてもいます。特に卓球は、4歳から12歳あたりに、その後の才能・能力へ直結する卓球の球に対する動作の動物的感覚が養われ、非常に大切な時期であると聞いた覚えがあります。

実は**こうしたアスリートの英才教育といったものが、江戸から明治にかけて行われていた“素読”というものです。**その一見無意味、現代風にいえば、暗記・詰め込み教育と思われる教育的慣習というものがあったればこそ、明治維新後、西洋に遅れをとっていた自然科学のジャンルでも、欧米に追いついたとのではないかと齋藤孝氏は指摘しています。

さらに、ＰＩＳＡの学力調査の順位でも、日本よりも上位にいるシンガポールや中国は、実は日本以上に暗記詰め込みが徹底されてもいる国柄で、それも、アジアの国々では暗記がものをいった科挙の伝統が初等・中等教育にも息づいているからであるとも齋藤氏は述べています。

ですから中等教育の段階で、暗記に負荷や重点を置かない欧米諸国は、日本よりも下位に甘んじてもいるそうです。しかし高等教育の大学になると逆転します。それは、実は中学や高校の教育システムが原因ではないのです。大学そのものに問題があるということです。

英語教育もそうです。大学が語学教育において機能不全に陥っている悪しきシステムや制度の責任転嫁こそ、高大接続教育の方針なのです。大学でこそ徹底して実用英語に比重を置いた〈話し・聞く〉を実施すればいいだけの話です。これこそ**伊藤美誠、イチローのアスリートの鍛錬の手法と通底する、素読的ルート、すわなち、難（学科系ともいえる読み書き重視）から易（技能系ともいえる話し聞く）へと英語教育を下山（シフト）してくればいいだけ**の話ではありますが、ここが、世の英語革新派の連中にはわからず、英語教育の〝共産化〟をわめきたてていると主張したい点なのです。

これで英語嫌いが増えるとか、英語のエリート教育だと批判される方は、グローバル化の潮流に無知な方々です。なぜなら、今の世界は、ＡＩに劣らぬ知性・教養を有する人材の争奪戦だからです。いわばエリート教育が主流なのです。

その国にとって、１０００人のトラベル英会話の達人をつくるより、10人の外国人に啖呵がきれるビジネスマン（白洲次郎・盛田昭夫・成毛眞〈今活躍されている代表格〉）を輩出することが喫緊の課題でもあり、数名の一流外交官（小和田恒・明石康・宮家邦彦〈今活躍されている代表格〉）を育て上げることこそ、国の命運を左右するのです。

中等教育の英語教師は、タレントのシェリーや歌手の宇多田ヒカルでもありません。帰国子女のジャーナリスト国谷裕子でも、帰国子女のフリーアナウンサー田中みな実でもありません。英語通訳の名手とされた村松増美や國弘正雄でもありません。大学教授たちや英文学者柳瀬尚紀や作家村上春樹のような名翻訳者でもないのです。

こうした次元でいえば、デーブ・スペクター氏とドナルド・キーン氏の日本語能力を比較はできないという真実が浮かび上がってもきます。流暢な日本語会話能力をもつデーブと古典まで日本人以上に読み込める教養日本語を究めているキーンさんを両面もつような人間などいないというまっとうな保守的見識の方は、文科省を含め英語教育改革識者には皆無であるとさえいえるのです。

今活躍されているアメリカ出身の日本文学の研究者ロバート・キャンベルさんのような日本語の使い手を、英語においても養成しようという無謀な試みとさえ言ってもいいかと思います。

話を続けましょう。学校英語教師というものは、世のお父さん連中の中にいらっしゃる海外駐在の商社マンや外交官でもありません。**中国や韓国、東南アジアを見渡してもいない異質の英語教師であり、日本の英語教師という一ジャンルのフィールドで活躍する〝世界で独特にして唯一の種族〟なのです。**アメリカ人やイギリス人も次のように心の中で讃嘆する日本人を育成、教育することこそが大切なのです。

「こいつ、英語が話せないけど、へぇ〜！　こんな難しい英文が読めるのか！」「意外！　こいつ、しゃべれないと思っていたけど、英語書かせたら、めっちゃきちっとした英文が書けるじゃん、俺なんか、こんなフォーマルな英文書けねぇぜ！」と英米人のヤンキーをぎゃふんと言わせる英語を、12歳からたったの6年間で身につけさせるのが**本来の日本の英語教育の本道・王道**であったはずです。

極論ですが、〝トランプ大統領の英語を学びなさい、オバマ元大統領の英語なんてわからなくてもいい〟という「英語政策」こそが、今般の英語教育大改革の正体です。さらに付け加えれば、彼ら英米人のヤンキーレベルの英語にまで格下げさせようというのが、２０２０年の英語教育大改革の実態でもあります。ですから、『英語教師は〈英語〉ができなくてもよい！』の書名は、安倍政権（江戸幕府）、下村博文元文科大臣（大老井伊直弼）への叛旗の狼煙でもあるのです。

英語教師擁護論2

ところである科目がひとつ抜け落ちているのでは？　と思われた方もいらっしゃるのではないでしょうか。そうです、それは**音楽という教科**です。

これは、作家でエッセイストでもあった團《だん》伊玖磨氏の発言です。世の多くの親御さんも同感されることでしょう「学校における音楽という教科が、どれだけ音楽嫌いを生み出し続けてきたことか！」というものです。とりわけ男子生徒の中には、自分が音痴だと思って人前で歌うことが恥ずかしい、音楽の時間が憂鬱だった、という人も大勢いることでしょう。女子生徒で、水着姿が恥ずかしくて水泳の時間はプールサイドで見学したくなるタイプとメンタル面で似てもいます。

昨今、学校でダンスの時間を取り入れる方針を文科省が決めたようですが、私自身が現在の小学生だったら、もう鬱の極みといったところでしょうか。それほど**実技系の授業というものは、学科のファッショ的方針で生徒たちに強要している**のです。

私個人の体験からすれば、小学生時代、音楽の時間なんぞは、音楽室の黒板上の音楽年表に目をやり、「バッハか！　ブラームスか？」とさまざまな音楽家の肖像画と出来事を見ては昔の偉人を夢想するばかりで、音楽の五線譜の読み方や縦笛の指導など上の空で聞いていたため、中学になって、音楽の成績などは2に近い3であったような気がします。**小学校・中学校時代、ハーモニカやリコーダーなど全く吹けなかった記憶があります。**

しかし、従兄の高校生からは吉田拓郎からグレープにいたるフォークの素晴らしさを教わり、両親と一緒に夜のヒットスタジオや紅白歌合戦を茶の間で見入っては、歌謡曲（ポップス）や演歌のメロディーの良さに魅かれ、場末の塾の先生には、授業の合間にビートルズやクイーンといった洋楽（ロック）のレコードを聞かされ、ああ！　外国のミュージシャンには、こんなすごいグループがあるのかと、小学生ながら音楽の見聞、知識を拡げられたものでした。

いわば、性教育といったジャンルが学校ではなく、友人、知人、先輩などから学ぶのと同じ経路で、音楽に目覚めてきた世代でもあります。その点、今の平成世代の若者も同様だと思います。

ちなみにですが、演歌の女王、国民的歌手美空ひばりや圧倒的歌唱力をもつドリームズ・カム・トゥルーの吉田美和などは、五線譜が読めないそうです。また、世のミュージシャンや歌手で学校の音楽の成績が1とか2であった人がどれほど大勢いることでしょう。これはよく知られている事実です。具体名を挙げれば、「え？」と思うような歌手・アーティストがたくさんいます。

学校英語が小学生から正規の必修科目となった場合、ある意味、私の小学生時代のように、五線譜が読めず、音符の種類すらわからないまま中学に上がり、憂鬱な授業の中、12歳の年齢ですでに成績の対象となる英文法でつまずいてしまい、私の音楽の授業と同じメンタルで50分を過ごさなくてはならなくなってしまうことが想像されます。

また、公立高校の受験における内申点で、音楽の成績が他の教科の足を引っ張る状況にも追いやられた私同様に、もう一種〝親の仇〟的教科に、英語という科目がなり果てる状況が透けて見えてきます。ですから、鳥飼玖美子が常日頃メディアを通じて、また、新書などの中で警鐘を鳴らしているように、『危うし！ 小学校英語』でも強調されていることとしてあります。小学校こそ、中学高校の英語教師以上に多角的能力が必要とされるのです。

いわば、小学校における理科教育の米村でんじろう的キャラクターと能力が求められるのです。今般の、政府の小学校の英語必須化は、小学校の先生に英語を付け焼刃的に研修させて、その場しのぎの見切り発車とも断言できる亡国への愚策でもあるのです。

そうです、そうなのです。**私の小学校時代、学芸会でピアノを弾く、アコーデオンを奏でる女子は、すでに家庭での習い事で楽器に慣れ親しみ、それなりの技量をもっていました。そして学校の鼓笛隊や管弦楽部で放課後、顧問の先生から楽器の指導、スコアーの読み方を教わっていた人たちです。**

私なんぞは、帰宅部、しかも、音楽の授業に興味なし、それゆえ怠惰の時間を過ごした部族でもあったのです。ハーモニカや縦笛など一切駄目な小学生（中学生）でもありました。この構図は、中学高校で、学校の英語の成績が、ある意味、「できる・できない」の境界線にもなっているのが、塾派と非塾派の違いともいえましょうか。

もちろん、小学生の教え子全員に音楽を楽しませ、五線譜や音符の読み方、笛の吹き方を指導する素晴らしい音楽教師がいるように、小学校におけるそんな英語教師も当然ながらいることでしょう。しかし、そうした〝**でんじろう先生**〟**的英語教師**の部族は、おそらく超少数派でもありましょう。

ではここで、本章の本題「中学校・高校の英語教師の理想像」について考えたいと思います。まず小澤征爾氏のインタビュー記事（読売新聞2019年1月1日）（抜粋）をご覧ください。

『次代へ』

最初（発足時）は斎藤先生の弟子で集まっているので、何が大事かわかっています。言葉の「てにをは」と言いますが、音楽の「てにをは」をよく知っている。だから僕がちょっとやれば、ぴたっと来る。あんなオケ（サイトウ・キネン・オーケストラ）はなかなかない。

〔斎藤秀雄（1902〜1974年）は、指揮の基本動作を体系的に伝える手法を確立し、小沢さんのほか、岩城宏之さん、山本直純さん、秋山和慶さんら多くの指揮者を育てた〕

斎藤先生のお父さんは英語学者で、先生にもその頭があったのだと思います。指揮法にしても、手の動かし方なんかが分析的と言うか、実務的で素晴らしい。それを徹底的にたたき込まれました。

弦楽四重奏の大切さも教わりました。音楽の3大要素、リズム、メロディー、ハーモニーをたたき込むんです。例えばハーモニーが鳴る時。もし鳴っていないなら、内声などが少しずれたりしている。それがすぐわかるか、わからないか。耳ですね。

そうなのです、**技能系の範疇にも入ってしまう英語という教科は、この斎藤秀雄氏の教え方を参考にすべき**なのです。斎藤秀雄氏自身は、名演奏家（ヴァイオリニストやピアニスト）でも、名指揮者（カラヤンやバーンスタイン）でもありませんでした。しかし、世界屈指の名指導者だった人です。

英語教師は、この斎藤秀雄氏の生きざまや教えるスタイルを参考にすべきなのです。父である斎藤秀三郎氏の英語学の秘儀を、おそらく自身で音楽に援用し、それを換骨奪胎し、独自の斎藤メッソドを確立したと思われます。

野村克也氏が、南海から西武へ、そしてテレビ解説者、さらにヤクルトの名監督に上りつめるまで、草柳大蔵氏、沙知代夫人などの影響を受け、どれほどの読書を自らに課し、〝野村の流儀〟を確立したか、宮本武蔵が姫路城の座敷牢の中、数年にわたり読書に明け暮れていた日々が、暴れ者タケゾウから求道者の青年ムサシへと豹変させた（吉川英治『宮本武蔵』）心象風景と同じものを感じてしまうのは、私の夢想でしょうか？

音楽の、取り分け、部活動の管弦楽や吹奏楽の顧問の先生は、おおかた音大出身で、音楽の教科の教師でもあります。しかし、その音楽のピアノ科出身の先生は、失礼ながらどこかのピアノコンクールで入賞される技能はもってはいないことでしょう。

また、ヴァイオリン科出身の先生も、五嶋みどり、五嶋龍、また、千住真理子、葉加瀬太郎のようなテクニックなど当然ありはしないでしょう。あったら、どこかのオケのメンバーか、ちょっとしたヴァイオリニストのエリート育成スクールの講師などをされてもいましょう。こうした**音楽教師という宿命**を背負っているのが、実は、**英語教師**でもあるのです。

高校野球では、名監督という人たちがいます。箕島高校の尾藤監督、池田高校の蔦監督、ＰＬ学園の中村監督、横浜高校の渡辺監督などです。**ご自身はプロに入るほどの力量はなかったけれど、指導者としてはピカイチの才能・素質をおもちであったご歴々であります。**ここにこそ、「自身ができること（才能）とそれを人に教えること（才能）は違う」（名通訳者で英語の達人でもあった國弘正雄氏の名言）という、教育上の秘儀があるのです。

高校野球の聖地、甲子園という存在があります。高校の音楽部、すなわち管弦楽部や吹奏楽部の憧れの聖地、それが、普門館（※残念なるかな２０１８年解体）という音楽大ホールです。この場所で、全日本吹奏楽コンクールが開かれます。いわばここが、**吹奏楽の甲子園であり、吹奏楽の聖地**でもありました。日本中の音楽部の高校生が、この憧れの場所で金賞を目指します。

その金賞にあずかる学校の顧問の先生こそ、英語教師は参考にしていただきたいのです。『なぜ彼らは金賞をとれるのか』『金賞よりも大切なこと』『吹奏楽の神様　屋比久勲を見つめて～叱らぬ先生の出会いと軌跡』などを読めば、その英語教師の指導法というものが見えてもきます。

しかしこの音楽部という存在は、あくまで部活動であり、ここに集う者は、やる気のある者、興味をもつ者、音楽好きの者、つまり音楽への動機付け、私流にいう跳び箱の〝ロイター板〟を心にもっている生徒たちです。

現実には、私の小学校・中学校時代の音楽へのテンションの低さと同類の、英語への消極的姿勢しか持ち合わせてはいない生徒が過半数を占めていることが、英語のみならず、学校の教科という一筋縄ではいかぬ厳しい側面であることを重々承知のうえで申しているまでです。その点は、本書をお読みいただければ問題点の端緒くらいはお気づきになったかもしれません。

野球の名監督野村克也氏に勝るとも劣らぬ、サッカーの名監督がいます。それがジョゼ・モウリーニョです。サッカー選手としては全く活躍できませんでしたが、指揮官としては、おそらく世界一の監督ともいっていい人物です。レアルマドリード、インテル、チェルシー、ポルトを勝利に導いた、世界屈指の優勝請負人です。その人の言葉です。

「リーダーとは何か？　私にとって、それは命令を下すことではない、ガイドすることだ」

この言葉を聞いて、灘や開成学園の校長先生の言葉を思い出したものです。

あとがき

単刀直入に、しかも僭越ながら言わせてもらえば、本書は、ビートたけし的発想を縦糸に、小林秀雄的論理を横糸に織り込んだ論考です。いや、恥ずかしながら英語教育論とはいえません。むしろ教育エッセイごときものです。時に奇抜、時にゲリラ的に、〝使える英語論〟という城を、あえて搦手から攻め込んだものと言えるでしょう。

これまでの英語教育論というもののほとんどは、大学教授（学者）、教育評論家（専門家）、また一部の著名な予備校講師などによって語られてきたものの、現場の中学教師や高校教師は、立場上、思い切ったことを吐けずにいたその〝陰なる本音〟を代弁したものです。

一般的に、従来の英語教育論なるものは、さまざまな資料やデータ、あるいは分析をもとに序論・本論・結論といったスタンダードなフォーマット、すなわち、学術的論拠で書かれてきたものが大勢でした。確かに、読者を知的な角度から納得させ、それもディベート的に折伏《しゃくぶく》するには、それもある程度効果があるようです。しかし、それは、〝平泉・渡部英語大論争〟的に軍配がドローとなりかねません。

が、あえて言わせてもらうなら、渡部派は、塾・予備校派、平泉派は、文科省・公立学校派にも譬えられ、私は、近年鬼籍に入られた知の巨人、渡部昇一派に与するもので、渡部昇一氏の論を、いや、もし渡部氏が本論を読まれたら、「私の教育論を、ポップに素人風に換骨奪胎して、今風にわかりやすく書き換えてくれているな！」と、苦笑して呟くのではないかと、うぬぼれながら信じています。

本書の各論考の特徴は、起・承・転・結の論法を強く意識して書いたという点にあります。特に〝転〟のオンパレードとさえいっていいものです。名子役で名を馳せ、2017年春、慶應中等部に合格された芦田愛菜が、自身の中学受験を振り返り、国語、とりわけ作文に関してコメントをしていたことが、印象深く残っています。それは、「作文を書く際に、三段論法ではなく、四段論法の〈起・承・転・結〉で書くときに転を見つける、思いつくのがいちばん難しい」という発言です。作文のミソを12歳ながら心得て自覚しています。大したものだと思いました。

私も高校生に小論文を指導している立場上、また、一般の小論文マニュアル書も同じですが、三段論法の手法を勧めることにしています。2時間前後の限られた時間で課題文を読み、結論に比況する事案・事例、即ち〝転〟が思いつかない場合が多いからです。この類似や例示ともいっていい〝転〟なる内容は、歩いているとき、テレビを観ているとき、関係ない作業をしているとき、まるでミュージシャンの脳裏にいいメロディーが降って湧いてくるようにひらめくものだからです。

実はこの四段論法の〝転〟こそ、聞き手にしろ読み手にしろ、相手の知ではなく情に訴える力が非常に高いのです。平泉・渡部論争では、平泉氏は一切、そうした〝転〟の箇所が感じられない役人気質的論法を展開しています。それに対して、知的雑学の宝庫でもある渡部氏は、この〝転〟を用いて論破しようとする心根が透けて見えます。そうです、この〝転〟を用いずして、使える英語のリベラル派、すなわち、現場教師に上から目線で高圧的に超理想論を掲げる文科省の方針を論破することはできないのです。

渡部氏が、現代に若者として生きていたなら、こうした〝転〟を余すところなく、これでもかこれでもかと列挙していたであろうと想像しながら本書を書いたつもりです。本書を読まれた方は、私を英語の守旧派とみなすことでしょう。温故知新・不易流行といった概念を古いと感じないのは、理性・良識ある者のみです。

十年後の芦田愛菜を想像してください。本を読むことが好き、さまざまな言葉を覚えることが好き、そして小学生時代、おそらく忙しい仕事の合間に、英語など一切やらなかった彼女は、成人してハリウッドでも活躍する英語力を身につけ、世界に雄飛する女優になっていることを予言しましょう。しかし、現段階では研究者の道を考えているといいます。それも一つの道です。国語の次は、英語・仏語など、外国語を究めるセレブとなっていることを予想しましょう。

あの知的モンスター林修氏も小学校時代にすでに祖父の書棚の日本文学大全集を読破していたそうです。

『国家の品格』などの著者でもある藤原正彦氏の名言に、

「小学校時代に必要なのは、一に国語、二に国語、三、四がなくて五に算数、そして英語、パソコン（プログラミング）、そんなものどうでもいい」

というものがあります。世の秀才小学生は、サピックス、日能研などで3年間、英語などに費やす時間などなかったはずです。あの林修ですら、小学校時代は、国語、所謂、文学書や歴史書、百科事典と首っ引きの時代であったといいます。世の軽薄な親御さんや無責任な文科省の連中は、三匹の子豚の長男の藁の家、もしくは次男の木の家を作りさえすればいいという短近視眼的人種であるとも付け加えておきましょう。

これまでの英語教育論は三段論法（序論・本論・結論）で、アンケート調査、データ分析などを基にアカデミックに論じるだけで、さまざまな比喩（＝転）を用いて一般大衆を説得しようとするものが皆無でした。

本書は、この比喩をこれでもかこれでもかとしつこいくらい用いて、四段論法（起・承・転・結）で書き連ねてきたものです。論文や評論よりも、随筆（エッセイ）のほうが、読み手の頭より心を動かします。吉田兼好の『徒然草』やモンテーニュの『随想録』はその典型です。庶民目線、譬え・比喩を多用して明快に語った古典の名著はそれを証明しています。

本書がそうした名エッセイに比肩できるとは夢にも思いませんが、ヴィヴィッドな教育論を堅苦しくないエッセイ風の文章でわかりやすく書けたのではないかと思っています。学校教師や塾・予備校の講師として、日々、厳しい環境ともいえる教育現場で奮闘している方々に、楽しんで読んでいただけたのなら、それに勝る歓びはありません。

最後までお読みいただきありがとうございました。

平成31年　3月吉日

露木康仁

著者プロフィール

露木 康仁（つゆき やすひと）

慶應義塾大学文学部仏文科修士課程修了。
大学卒業後、某大手企業に就職するも、文学への研究熱が芽生え、大学院に進学。大学院在学中に、研究者と教育者を天秤にかけて、後者への情熱が湧き上がる。仏文学への未練を断ち切る。人生行路での紆余曲折を経て、自分の原点である、「同じ轍を踏ませたくない」といった思いから、横浜で英語科専門塾を立ち上げる。
自己の「受験の失敗学」に裏打ちされた大学受験塾“英精塾”を主宰するに至る。特に、日本語（母国語）を大切にする英語教育、リベラルアーツとしての日本史・世界史・古典なども教授している。今では、忘れさられた旧制高校の優れた面を取り入れた学問指導を理想として、生徒たちに接している。

（英精塾ホームページをご覧ください）

英語教師は〈英語〉ができなくてもよい！

2019年4月25日　初版第1刷発行

著　者　露木 康仁
発行者　馬場先 智明
発行所　株式会社 静人舎
〒157-0066　東京都世田谷区成城 4-4-14
Tel & Fax　03-6314-5326
http://seijinsha-b.com

装　丁　小林 茂男
印刷所　株式会社 エーヴィスシステムズ

ISBN978-4-909299-07-9